The Café of Lost Smiles and Other Stories: Bilingual French-English Short Stories for French Language Learners

Coledown Bilingual Books

Published by Coledown Bilingual Books, 2023.

While every precaution has been taken in the preparation of this book, the publisher assumes no responsibility for errors or omissions, or for damages resulting from the use of the information contained herein.

THE CAFÉ OF LOST SMILES AND OTHER STORIES: BILINGUAL FRENCH-ENGLISH SHORT STORIES FOR FRENCH LANGUAGE LEARNERS

First edition. September 16, 2023.

Copyright © 2023 Coledown Bilingual Books.

ISBN: 979-8223594819

Written by Coledown Bilingual Books.

Table of Contents

Les Mystères de la Rue des Roses 1

The Mysteries of Rose Street 7

Les Aventures de Monsieur Dupont et le Mystère de la Montre Disparue 13

The Adventures of Monsieur Dupont and the Mystery of the Disappearing Watch 19

Les Chroniques de la Maison des Chats 25

The Chronicles of the House of Cats 31

Les Enquêtes de Mademoiselle Lucille et le Mystère des Fleurs Disparues 37

Miss Lucille's Investigations and the Mystery of the Disappearing Flowers 43

Les Mystères de la Librairie des Rêves Perdus 47

The Mysteries of the Lost Dreams Bookstore 53

Le Mystère de la Mélodie Égarée 59

The Mystery of the Lost Melody 65

Le Café des Sourires Perdus 71

The Café of Lost Smiles 77

Les Enquêtes du Détective Victor Leblanc 83

The Investigations of Detective Victor Leblanc 89

Le Mystère des Cartes Postales Perdues 95

The Mystery of the Lost Postcards 101

Les Mélodies du Hasard 107

The Melodies of Chance..113

Les Mystères de la Rue des Roses

Dans une petite rue pavée de la ville pittoresque de Montauban, la Rue des Roses, vivait une communauté qui semblait tout droit sortie d'un autre temps. Les habitants de cette rue avaient une passion commune pour les fleurs, chacun ayant soigneusement entretenu son propre jardin secret, dissimulé derrière de hautes clôtures en fer forgé.

Au numéro 23 de la Rue des Roses résidait Madame Élise Dubois, une femme élégante d'un certain âge. Elle était connue dans tout le quartier pour ses roses magnifiques et sa réputation de détective amateur. Tous les jeudis soir, elle organisait un dîner au cours duquel elle résolvait des énigmes pour ses invités.

Ce soir-là, les invités comprenaient le charmant Monsieur Antoine Leclerc, un célibataire endurci avec une passion pour la photographie, et Madame Charlotte Dupont, une veuve récemment installée dans la Rue des Roses, qui adorait les romans policiers. Tous deux étaient de fidèles amis de Madame Dubois, et ils attendaient avec impatience le dîner du jeudi depuis des semaines.

Madame Dubois, vêtue d'une robe élégante en soie, accueillit ses amis avec un sourire chaleureux. La table était dressée avec une précision impeccable, et les bougies parfumées embaumaient la pièce d'une douce fragrance de roses.

"Chers amis, je suis ravie que vous soyez venus ce soir", dit Madame Dubois en prenant place à la tête de la table. "J'ai une énigme particulièrement intrigante à résoudre ce soir, et je pense que vous apprécierez le défi."

Antoine et Charlotte échangèrent un regard curieux. Ils avaient appris à ne jamais sous-estimer les talents de détective de Madame Dubois.

Le dîner commença dans une atmosphère joyeuse, mais la conversation tourna bientôt autour du mystère du jour. Madame Dubois expliqua que le collier de perles d'une de leurs voisines, Madame Agnès Martin, avait été volé la veille.

"Le collier était une pièce de famille très précieuse", expliqua Madame Dubois. "Agnès est dévastée par sa disparition, et elle m'a demandé de l'aider à résoudre cette énigme."

Antoine leva un sourcil. "Un vol dans notre petite rue paisible ? C'est inimaginable !"

Madame Charlotte était visiblement intriguée. "Et avez-vous des suspects en tête, Élise ?"

Madame Dubois sourit en sirotant son vin. "C'est là que cela devient intéressant, mes amis. Agnès ne peut s'empêcher de soupçonner son jardinier, un homme du nom de Pierre. Elle dit qu'il a été distant et préoccupé ces derniers temps."

Antoine réfléchit un moment. "Un jardinier ? Un vol de bijoux ? Cela ressemble à un roman policier captivant."

Après le dîner, Madame Dubois, Antoine et Charlotte se retrouvèrent dans le salon, où une grande carte de la Rue des Roses était étalée sur la table basse. Madame Dubois pointa du doigt la maison d'Agnès Martin, située à quelques pas de chez elle.

"Nous allons devoir mener notre enquête discrètement", déclara-t-elle. "Je crains que si nous accusons Pierre sans preuve, cela pourrait causer des tensions dans la rue."

Charlotte semblait enthousiaste à l'idée de jouer les détectives. "Par où commençons-nous, Élise ?"

Madame Dubois sortit un petit carnet de son sac à main. "Nous devons d'abord interroger Agnès en détail sur le collier et son comportement récent. Ensuite, nous devrons parler à Pierre discrètement pour voir s'il a des explications."

Antoine prit la loupe posée sur la table et la regarda d'un air malicieux. "Nous serons les Sherlock Holmes de la Rue des Roses, prêts à démasquer le voleur !"

Au fil des jours qui suivirent, le trio mena une enquête discrète. Ils découvrirent que le collier de perles avait été volé lors d'une soirée où Agnès avait organisé une réception dans son jardin. Pierre était effectivement en charge de l'entretien de ce jardin, ce qui en faisait le principal suspect.

Mais plus ils creusaient, plus ils réalisaient que chaque habitant de la Rue des Roses avait ses propres secrets. Antoine découvrit que la voisine d'Agnès, Madame Jacqueline Dubois (aucune parenté avec Élise), avait des dettes de jeu importantes.

Charlotte découvrit que le facteur, Monsieur Marcel Renaud, était en réalité un écrivain de romans policiers à succès sous un pseudonyme.

Madame Dubois, quant à elle, recueillit de précieuses informations de la part de la boulangère, Madame Sophie Lambert, qui avait vu un homme suspect rôder près de la maison d'Agnès la nuit du vol.

Finalement, après avoir rassemblé toutes les informations, le trio décida de convoquer tous les suspects à un autre dîner chez Madame Dubois. Les tensions étaient palpables alors qu'ils s'installaient autour de la table.

Madame Dubois prit la parole. "Mes amis, nous avons mené une enquête minutieuse, et il est temps de dévoiler le voleur du collier de perles d'Agnès."

Elle révéla que l'homme qui avait été vu rôder près de la maison d'Agnès était en réalité le fils d'Agnès, François Martin, qui avait récemment perdu son emploi et avait désespérément besoin d'argent pour aider sa mère.

Agnès éclata en sanglots en apprenant la vérité, mais elle décida de ne pas porter plainte contre son fils. Elle était soulagée que l'enquête ait révélé la vérité et que la Rue des Roses reste un endroit paisible.

Après cette révélation choquante, la Rue des Roses retrouva sa tranquillité habituelle. Les habitants continuèrent à cultiver leurs jardins et à partager des dîners chez Madame Dubois, mais ils avaient tous appris l'importance de ne pas juger trop rapidement.

L'amitié entre Élise, Antoine et Charlotte se renforça encore grâce à cette aventure. Ils avaient découvert que résoudre des énigmes ensemble était un moyen fantastique de renforcer les liens.

La Rue des Roses, avec ses secrets bien gardés et son charme intemporel, resterait toujours un lieu spécial pour ceux qui y vivaient. Et bien que l'énigme du collier de perles fût résolue, il y avait certainement d'autres mystères à découvrir dans cette rue pittoresque.

The Mysteries of Rose Street

In a small cobblestone street in the picturesque town of Montauban, Rose Street, lived a community that seemed straight out of another time. The residents of this street shared a common passion for flowers, each meticulously tending to their own secret garden hidden behind tall wrought-iron fences.

At number 23 Rose Street resided Madame Élise Dubois, an elegant woman of a certain age. She was known throughout the neighborhood for her magnificent roses and her reputation as an amateur detective. Every Thursday evening, she hosted a dinner during which she solved mysteries for her guests.

On this particular evening, the guests included the charming Monsieur Antoine Leclerc, a confirmed bachelor with a passion for photography, and Madame Charlotte Dupont, a recent widow who had moved to Rose Street and had a fondness for detective novels. Both were loyal friends of Madame Dubois, and they had been eagerly anticipating Thursday's dinner for weeks.

Madame Dubois, dressed in an elegant silk gown, welcomed her friends with a warm smile. The table was set with impeccable precision, and scented candles filled the room with a gentle rose fragrance.

"My dear friends, I am delighted that you have come tonight," Madame Dubois said as she took her place at the head of the table. "I have a particularly intriguing puzzle to solve this evening, and I believe you will relish the challenge."

Antoine and Charlotte exchanged curious glances. They had learned never to underestimate Madame Dubois's detective talents.

The dinner began in a jovial atmosphere, but conversation soon turned to the mystery of the day. Madame Dubois explained that a pearl necklace belonging to one of their neighbors, Madame Agnès Martin, had been stolen the previous day.

"The necklace was a cherished family heirloom," Madame Dubois explained. "Agnès is devastated by its disappearance, and she has asked for my help in solving this puzzle."

Antoine raised an eyebrow. "A theft in our peaceful little street? Unimaginable!"

Madame Charlotte appeared visibly intrigued. "And do you have any suspects in mind, Élise?"

Madame Dubois smiled as she sipped her wine. "That's where it gets interesting, my friends. Agnès can't help but suspect her gardener, a man named Pierre. She says he has been distant and preoccupied lately."

Antoine pondered for a moment. "A gardener? A jewel theft? It sounds like a captivating detective novel."

After dinner, Madame Dubois, Antoine, and Charlotte gathered in the living room, where a large map of Rose Street was spread out on the coffee table. Madame Dubois pointed to Agnès Martin's house, just a few steps away from her own.

"We must conduct our investigation discreetly," she declared. "I fear that if we accuse Pierre without evidence, it could cause tension in the street."

Charlotte seemed enthusiastic about playing detective. "Where do we start, Élise?"

Madame Dubois produced a small notebook from her handbag. "First, we must question Agnès in detail about the necklace and her recent behavior. Then, we must discreetly speak with Pierre to see if he has any explanations."

Antoine picked up a magnifying glass from the table and regarded it with a mischievous air. "We shall be the Sherlock Holmeses of Rose Street, ready to unmask the thief!"

Over the following days, the trio conducted a discreet investigation. They discovered that the pearl necklace had been stolen during a garden party that Agnès had hosted in her backyard. Pierre was indeed responsible for maintaining that garden, making him the primary suspect.

But the more they dug, the more they realized that each resident of Rose Street had their own secrets. Antoine found out that Agnès's neighbor, Madame Jacqueline Dubois (no relation to Élise), had significant gambling debts. Charlotte uncovered that the mailman, Monsieur Marcel Renaud, was, in fact, a successful crime novelist using a pseudonym.

Madame Dubois, on her part, gathered valuable information from the baker, Madame Sophie Lambert, who had seen a suspicious man lurking near Agnès's house on the night of the theft.

Eventually, after gathering all the information, the trio decided to convene all the suspects for another dinner at Madame Dubois's home. Tensions were palpable as they sat around the table.

Madame Dubois spoke up. "My friends, we have conducted a thorough investigation, and it is time to reveal the thief of Agnès's pearl necklace."

She disclosed that the man seen lurking near Agnès's house was, in fact, Agnès's son, François Martin, who had recently lost his job and was in desperate need of money to help his mother.

Agnès burst into tears upon learning the truth, but she decided not to press charges against her son. She was relieved that the investigation had uncovered the truth and that Rose Street would remain a peaceful place.

After this shocking revelation, Rose Street returned to its usual tranquility. The residents continued to tend to their gardens and share dinners at Madame Dubois's, but they had all learned the importance of not jumping to conclusions too quickly.

The friendship between Élise, Antoine, and Charlotte grew stronger through this adventure. They had discovered that solving puzzles together was a fantastic way to bond.

Rose Street, with its well-guarded secrets and timeless charm, would always be a special place for those who lived there. And while the mystery of the pearl necklace was solved, there were undoubtedly more mysteries to uncover in this picturesque street.

Les Aventures de Monsieur Dupont et le Mystère de la Montre Disparue

———

Monsieur Henri Dupont était un homme de routine. Chaque matin, il se réveillait à la même heure, s'habillait avec soin et descendait à son café préféré pour son petit-déjeuner quotidien. Il avait une vie tranquille à Montauban, où il avait vécu pendant des décennies. Mais ce matin-là, quelque chose d'inhabituel se produisit.

Alors qu'il savourait sa tasse de café et feuilletait son journal, Monsieur Dupont réalisa que sa montre, une belle pièce d'horlogerie héritée de son grand-père, avait disparu. Il tapota sa poche avec une confusion croissante, mais la montre n'y était pas.

Il regarda autour de lui, espérant l'apercevoir quelque part sur la table ou le sol du café, mais en vain. La montre avait tout simplement disparu. Monsieur Dupont, un homme calme de nature, se sentit soudainement agité. Cette montre avait une grande valeur sentimentale pour lui, bien plus que sa valeur matérielle.

Monsieur Dupont quitta précipitamment le café et se mit à parcourir les rues de Montauban à la recherche de sa montre perdue. Il se sentait perdu lui-même sans cet objet qui avait toujours été un rappel constant de son grand-père.

Alors qu'il marchait sans but, il rencontra une vieille amie, Madame Sophie Lambert, la boulangère du quartier. Sophie était une femme joviale qui avait toujours un sourire pour tout le monde.

"Bonjour, Henri, vous avez l'air préoccupé", dit-elle en le saluant chaleureusement.

Monsieur Dupont ne put s'empêcher de lui raconter sa mésaventure avec la montre. Sophie écouta attentivement, puis lui dit avec un sourire encourageant : "Ne vous inquiétez pas, Henri. Nous allons résoudre ce mystère ensemble. Montrez-moi où vous avez vu pour la dernière fois votre montre."

Monsieur Dupont conduisit Sophie au café où il avait pris son petit-déjeuner. Ils interrogèrent le personnel du café et les clients présents ce matin-là, mais personne n'avait vu la montre. La frustration de Monsieur Dupont grandit, mais il était reconnaissant d'avoir une amie compatissante à ses côtés.

Sophie suggéra ensuite de visiter les boutiques d'antiquités locales. Elle pensait que quelqu'un aurait peut-être tenté de vendre la montre. Ils parcoururent plusieurs magasins, interrogeant les propriétaires et jetant un œil aux montres exposées, mais encore une fois, aucune trace de la précieuse montre.

Alors qu'ils s'apprêtaient à abandonner la quête pour la journée, Sophie eut une idée. "Henri, vous savez, Montauban est une ville où tout le monde se connaît. Je vais demander à mes amis commerçants s'ils ont remarqué quelque chose d'étrange ces derniers jours. Nous ne devons pas abandonner si facilement."

Monsieur Dupont sourit, reconnaissant pour l'aide précieuse de son amie. "Merci, Sophie. Je suis vraiment chanceux de vous avoir à mes côtés."

Les jours qui suivirent furent une quête constante pour retrouver la montre de Monsieur Dupont. Sophie interrogea ses amis commerçants, Monsieur Marcel Renaud, le facteur écrivain, et même Madame Jacqueline Dubois, qui avait des dettes de jeu, mais rien ne semblait conduire à la montre disparue.

Monsieur Dupont commença à perdre espoir, mais il ne voulait pas abandonner. Il passa ses soirées à parcourir les petites rues de Montauban, espérant apercevoir un indice, un signe de sa montre bien-aimée.

Un soir, alors qu'il marchait le long des quais de la rivière, il rencontra Antoine Leclerc, le photographe passionné. Antoine avait entendu parler de la disparition de la montre et avait décidé de prêter main-forte à la recherche.

"Je me suis dit qu'une belle photo de votre montre pourrait être utile pour sa recherche", expliqua Antoine.

Monsieur Dupont hocha la tête avec gratitude et lui montra une vieille photo de famille où il portait la montre. Antoine promit de faire de son mieux pour diffuser l'image dans toute la ville.

Après avoir parlé à Antoine, Monsieur Dupont rentra chez lui, le cœur lourd. Il se demanda si sa montre bien-aimée serait retrouvée un jour. Cependant, cette nuit-là, il reçut un appel téléphonique inattendu.

C'était Charlotte Ferrari, la veuve, une amie commune de Monsieur Dupont et Sophie. Elle avait été informée de la disparition de la montre et avait une information cruciale à partager.

Charlotte expliqua qu'elle avait découvert un indice dans l'un de ses romans policiers préférés. Il s'agissait d'un petit détail qui aurait pu échapper à tous, sauf à un véritable amateur de montres. Elle avait lu que certains voleurs préféraient voler des montres pour les revendre à l'étranger, où elles valaient parfois plus cher.

Monsieur Dupont et Sophie prirent cette information très au sérieux. Ils se rendirent à la gare où se trouvait une boutique d'antiquités spécialisée dans les montres anciennes. Après un examen minutieux, ils découvrirent que la montre de Monsieur Dupont y était exposée.

Le propriétaire de la boutique expliqua qu'il l'avait achetée à un homme peu de temps après la disparition de la montre. L'homme prétendait avoir reçu la montre en cadeau et ne savait pas qu'elle avait été volée. Il avait décidé de la vendre pour des raisons financières.

Monsieur Dupont récupéra enfin sa précieuse montre, avec un sentiment de soulagement et de gratitude envers ses amis et sa communauté bien-aimée.

Monsieur Dupont, sa montre retrouvée à son poignet, était reconnaissant envers ses amis et sa ville de Montauban. Il réalisa que parfois, il fallait une petite aventure pour rappeler à quel point la vie était précieuse et les amis étaient précieux.

La vie reprit sa routine paisible à Montauban, mais Monsieur Dupont savait maintenant qu'il avait des amis sur lesquels il pouvait compter en cas de besoin. La montre était de retour à sa place, mais l'amitié et la solidarité qui avaient été renforcées pendant cette quête restaient les véritables trésors de sa vie.

The Adventures of Monsieur Dupont and the Mystery of the Disappearing Watch

Monsieur Henri Dupont was a man of routine. Every morning, he woke up at the same time, dressed carefully, and headed to his favorite café for his daily breakfast. He had a quiet life in Montauban, where he had lived for decades. But on that particular morning, something unusual happened.

As he savored his cup of coffee and perused his newspaper, Monsieur Dupont realized that his watch, a beautiful timepiece inherited from his grandfather, had vanished. He tapped his pocket with growing confusion, but the watch was not there.

He looked around, hoping to spot it somewhere on the café table or floor, but to no avail. The watch had simply disappeared. Monsieur Dupont, a calm man by nature, suddenly felt restless. This watch held great sentimental value for him, far more than its material worth.

Monsieur Dupont hastily left the café and began wandering the streets of Montauban in search of his lost watch. He felt lost without the item that had always been a constant reminder of his grandfather.

As he walked aimlessly, he ran into an old friend, Madame Sophie Lambert, the neighborhood baker. Sophie was a cheerful woman who always had a smile for everyone.

"Hello, Henri, you look troubled," she said as she greeted him warmly.

Monsieur Dupont couldn't help but recount his misadventure with the watch to her. Sophie listened attentively and then said with an encouraging smile, "Don't worry, Henri. We will solve this mystery together. Show me where you last saw your watch."

Monsieur Dupont led Sophie to the café where he had had his breakfast. They questioned the café staff and the customers present that morning, but no one had seen the watch. Monsieur Dupont's frustration grew, but he was grateful to have a compassionate friend by his side.

Sophie then suggested visiting local antique shops. She thought that someone might have tried to sell the watch. They visited several stores, questioning the owners and inspecting the watches on display, but once again, there was no trace of the precious watch.

As they were about to give up the quest for the day, Sophie had an idea. "Henri, you know, Montauban is a town where everyone knows each other. I will ask my merchant friends if they have noticed anything unusual in recent days. We mustn't give up so easily."

Monsieur Dupont smiled, thankful for his friend's invaluable assistance. "Thank you, Sophie. I'm truly lucky to have you by my side."

The following days were a constant quest to find Monsieur Dupont's watch. Sophie questioned her merchant friends, Monsieur Marcel Renaud, the writer postman, and even Madame Jacqueline Dubois, who had gambling debts, but nothing seemed to lead to the missing watch.

Monsieur Dupont began to lose hope, but he didn't want to give up. He spent his evenings walking through Montauban's winding streets, hoping to catch a glimpse of a clue, a sign of his beloved watch.

One evening, as he walked along the riverbanks, he encountered Antoine Leclerc, the passionate photographer. Antoine had heard about the disappearance of the watch and decided to lend a hand in the search.

"I thought a beautiful photo of your watch might be helpful in its recovery," Antoine explained.

Monsieur Dupont nodded with gratitude and showed him an old family photo where he wore the watch. Antoine promised to do his best to circulate the image throughout the town.

After speaking with Antoine, Monsieur Dupont returned home with a heavy heart. He wondered if his beloved watch would ever be found. However, that night, he received an unexpected phone call.

It was Charlotte Ferrari, the widow, a mutual friend of Monsieur Dupont and Sophie. She had heard about the watch's disappearance and had crucial information to share.

Charlotte explained that she had discovered a clue in one of her favorite detective novels. It was a small detail that could have escaped everyone's notice except a true watch enthusiast. She had read that some thieves preferred to steal watches to sell them abroad, where they could sometimes fetch a higher price.

Monsieur Dupont and Sophie took this information very seriously. They went to the train station where there was an antique shop specializing in vintage watches. After a careful examination, they discovered that Monsieur Dupont's watch was on display there.

The shop owner explained that he had purchased it from a man shortly after the watch had gone missing. The man claimed to have received the watch as a gift and was unaware that it had been stolen. He had decided to sell it for financial reasons.

Monsieur Dupont finally retrieved his precious watch, with a feeling of relief and gratitude towards his friends and beloved community.

Monsieur Dupont, his watch restored to his wrist, felt grateful for his friends and his town of Montauban. He realized that sometimes, it took a little adventure to remind him of how precious life was and how valuable friends were.

Life returned to its peaceful routine in Montauban, but Monsieur Dupont now knew that he had friends he could count on in times of need. The watch was back in its place, but the friendship and solidarity that had been strengthened during this quest remained the true treasures of his life.

Les Chroniques de la Maison des Chats

Au cœur de la charmante ville de Provence, se trouvait une vieille maison en pierre aux volets bleus. Cette maison n'était pas comme les autres, car elle était le refuge de sept chats bien-aimés. Les chats, chacun avec sa propre personnalité et son histoire, vivaient en harmonie dans cette vieille bâtisse. Cette maison était connue sous le nom de "La Maison des Chats".

Le chef incontesté de cette joyeuse tribu féline était Monsieur Félix, un chat tigré au pelage luxuriant. Il était sage et avait une manière élégante qui imposait le respect de tous les autres chats de la maison. Madame Mathilde, une belle chatte blanche aux yeux verts, était la plus ancienne de la maison. Elle avait un caractère doux et aimant et était la mère adoptive de tous les autres chats.

Il y avait aussi Gaston, un chat noir espiègle qui aimait jouer des tours aux autres chats, et Colette, une chatte grise avec un caractère calme et réfléchi. Ensuite, il y avait Léon, un chat roux toujours curieux de tout ce qui se passait dans la maison, et Margot, une chatte écaille de tortue au tempérament fier. Enfin, il y avait Pierre, un chat persan blanc aux yeux bleus profonds, qui était le plus jeune de la maison.

La Maison des Chats était une maison de caractère, avec des chaises confortables près des fenêtres pour les chats, des coussins moelleux et des rayons de soleil qui baignaient les pièces d'une lumière chaude. Chaque jour était une aventure pour ces chats, et leur vie paisible était pleine de mystères à résoudre.

Un matin ensoleillé, alors que les chats se prélassaient sur les rebords des fenêtres, un mystère se présenta à eux. Gaston, le chat noir espiègle, avait disparu. Il n'était nulle part dans la maison.

Monsieur Félix, toujours calme et réfléchi, décida de mener l'enquête. Il rassembla les autres chats et leur expliqua la situation. "Gaston a disparu, mes amis, et il est de notre devoir de le retrouver. Nous allons former une équipe et résoudre ce mystère."

Madame Mathilde, la plus sage de tous, approuva d'un doux miaulement. "Nous devons agir rapidement, avant que Gaston ne se mette en danger."

Les autres chats hochèrent la tête en signe d'accord, et l'équipe de détectives félines se mit au travail.

Les chats commencèrent à chercher des indices dans toute la maison. Léon, le curieux, inspecta le grenier, tandis que Margot examina le jardin avec son air fier. Pierre, avec son regard persan acéré, passa en revue chaque coin de la maison.

C'est finalement Colette qui trouva le premier indice. Elle découvrit une étrange traînée de poils noirs dans le couloir, comme si quelqu'un avait été traîné. Les autres chats se rassemblèrent autour d'elle, examinant les poils avec attention.

"Ce sont les poils de Gaston", déclara Monsieur Félix. "Il a laissé cette piste derrière lui. Suivons-la."

Les chats se lancèrent dans une enquête minutieuse, suivant la traînée de poils noirs à travers la maison. Elle les mena finalement à la porte du jardin. Ils avaient maintenant un indice crucial, mais la question demeurait : où était passé Gaston ?

Les chats se dirigèrent vers le jardin, où le soleil brillait intensément. Ils commencèrent à fouiller chaque buisson, chaque coin et recoin du jardin, espérant trouver un signe de Gaston.

Léon, toujours avide de découvrir de nouvelles choses, grimpa sur un mur de pierre et jeta un coup d'œil autour de lui. Soudain, il aperçut quelque chose étincelant sous un buisson.

"J'ai trouvé quelque chose !" cria-t-il, attirant l'attention des autres chats.

Monsieur Félix et les autres s'approchèrent pour voir ce que Léon avait découvert. C'était le collier de Gaston, abandonné sous le buisson.

Madame Mathilde prit le collier délicatement dans sa bouche et le déposa devant Monsieur Félix. "C'est le collier de Gaston. Il a dû l'enlever pour laisser des indices."

Monsieur Félix réfléchit un instant. "Gaston essaie de nous dire quelque chose. Continuons à chercher, mes amis."

Les chats s'éparpillèrent à nouveau dans le jardin, suivant la piste laissée par le collier. Ils se dirigeaient maintenant vers la lisière de la forêt qui bordait la propriété.

La forêt était un endroit mystérieux et dense, rempli de bruissements et de mystères. Les chats avançaient prudemment, cherchant des indices de la présence de Gaston.

C'est Margot, avec son caractère fier, qui découvrit une empreinte de patte dans la boue près d'une rivière. Elle la montra aux autres chats. "C'est l'empreinte de Gaston. Il est passé par ici."

Monsieur Félix examina attentivement l'empreinte. "Nous sommes sur la bonne voie, mes amis. Suivons cette piste."

Les chats continuèrent à suivre la trace laissée par Gaston le long de la rivière. Finalement, ils arrivèrent à une petite clairière où ils découvrirent Gaston, trempé et fatigué, mais en sécurité.

Gaston miaula de joie en voyant ses amis. "Je suis désolé de vous avoir inquiétés, les amis. J'ai suivi un papillon et je me suis perdu. Heureusement, j'ai pu retrouver mon chemin grâce à mon collier."

Monsieur Félix s'approcha de Gaston et le lécha doucement pour le réconforter. "Nous sommes ravis de te revoir sain et sauf, Gaston."

Madame Mathilde ajouta d'un ton doux, "C'est une leçon pour nous tous, mon cher. Nous devons toujours rester ensemble et veiller les uns sur les autres."

Les chats retournèrent à la Maison des Chats, avec Gaston sain et sauf. La maison retrouva son atmosphère paisible, et les chats se serrèrent les uns contre les autres avec une gratitude renouvelée pour leur vie en communauté.

Monsieur Félix conclut avec sagesse, "Cette aventure nous a rappelé l'importance de l'amitié et de la solidarité. Ensemble, il n'y a aucun mystère que nous ne puissions résoudre. Nous sommes une famille, et nous veillerons toujours les uns sur les autres."

Et ainsi, les chats de la Maison des Chats continuèrent à vivre leur vie paisible, sachant qu'ils étaient plus forts ensemble et que chaque jour était une nouvelle aventure à partager.

The Chronicles of the House of Cats

In the heart of the charming town of Provence stood an old stone house with blue shutters. This house was unlike any other because it was the sanctuary of seven beloved cats. The cats, each with their own personality and story, lived in harmony in this old building. This house was known as "The House of Cats."

The undisputed leader of this joyful feline tribe was Monsieur Félix, a tiger-striped cat with luxurious fur. He was wise and had an elegant manner that commanded the respect of all the other cats in the house. Madame Mathilde, a beautiful white cat with green eyes, was the oldest in the house. She had a gentle and loving nature and acted as the adoptive mother to all the other cats.

There was also Gaston, a mischievous black cat who loved playing tricks on the other cats, and Colette, a gray cat with a calm and thoughtful character. Then there was Léon, a ginger cat always curious about everything happening in the house, and Margot, a tortoiseshell cat with a proud temperament. Finally, there was Pierre, a white Persian cat with deep blue eyes, who was the youngest in the house.

The House of Cats was a character-filled home, with comfortable chairs by the windows for the cats, plush cushions, and sunlight that bathed the rooms in warm light. Each day was an adventure for these cats, and their peaceful life was full of mysteries to solve.

One sunny morning, as the cats lounged on the windowsills, a mystery presented itself to them. Gaston, the mischievous black cat, had disappeared. He was nowhere to be found in the house.

Monsieur Félix, always calm and thoughtful, decided to lead the investigation. He gathered the other cats and explained the situation. "Gaston has disappeared, my friends, and it is our duty to find him. We will form a team and solve this mystery."

Madame Mathilde, the wisest of them all, nodded gently. "We must act swiftly, before Gaston gets into any danger."

The other cats nodded in agreement, and the team of feline detectives got to work.

The cats began to search for clues all over the house. Léon, the curious one, inspected the attic, while Margot examined the garden with her proud demeanor. Pierre, with his keen Persian eyes, went through every corner of the house.

It was Colette who found the first clue. She discovered a strange trail of black fur in the hallway, as if someone had been dragged. The other cats gathered around her, examining the fur closely.

"These are Gaston's fur," declared Monsieur Félix. "He left this trail behind. Let's follow it."

The cats embarked on a meticulous investigation, following the trail of black fur throughout the house. It eventually led them to the garden door. They now had a crucial clue, but the question remained: Where had Gaston gone?

The cats headed to the garden, where the sun shone brightly. They began to search every bush, every nook and cranny of the garden, hoping to find a sign of Gaston.

It was Léon, always eager to discover new things, who climbed a stone wall and glanced around. Suddenly, he spotted something sparkling under a bush.

"I've found something!" he cried, attracting the attention of the other cats.

Monsieur Félix and the others approached to see what Léon had discovered. It was Gaston's collar, abandoned under the bush.

Madame Mathilde picked up the collar gently in her mouth and placed it in front of Monsieur Félix. "It's Gaston's collar. He must have taken it off to leave clues."

Monsieur Félix pondered for a moment. "Gaston is trying to tell us something. Let's continue searching, my friends."

The cats scattered again in the garden, following the trail left by the collar. They were now heading towards the edge of the forest that bordered the property.

The forest was a mysterious and dense place, filled with rustling and mysteries. The cats advanced cautiously, looking for clues of Gaston's presence.

It was Margot, with her proud character, who found a paw print in the mud near a river. She showed it to the other cats. "This is Gaston's pawprint. He passed through here."

Monsieur Félix examined the print carefully. "We are on the right track, my friends. Let's follow this trail."

The cats continued to follow the trail left by Gaston along the river. Finally, they arrived at a small clearing where they discovered Gaston, wet and tired but safe.

Gaston meowed with joy when he saw his friends. "I'm sorry for worrying you, friends. I followed a butterfly and got lost. Thankfully, I was able to find my way back thanks to my collar."

Monsieur Félix approached Gaston and licked him gently to comfort him. "We're delighted to see you safe and sound, Gaston."

Madame Mathilde added in a gentle tone, "It's a lesson for all of us, my dear. We must always stay together and watch over each other."

The cats returned to the House of Cats, with Gaston safe and sound. The house regained its peaceful atmosphere, and the cats cuddled against each other with renewed gratitude for their life in community.

Monsieur Félix concluded wisely, "This adventure has reminded us of the importance of friendship and solidarity. Together, there is no mystery we cannot solve. We are a family, and we will always watch over each other."

And so, the cats of the House of Cats continued to live their peaceful life, knowing that they were stronger together and that each day was a new adventure to share.

Les Enquêtes de Mademoiselle Lucille et le Mystère des Fleurs Disparues

Mademoiselle Lucille était une femme aux talents exceptionnels. Elle était bien connue à Paris pour son amour des fleurs et sa passion pour résoudre les mystères. Chaque matin, elle se promenait dans les jardins de la ville, admirant les fleurs colorées et les parfums envoûtants. Elle était également une experte en botanique, capable d'identifier chaque espèce de fleur.

Un matin, alors qu'elle se promenait dans le Jardin des Tuileries, elle remarqua quelque chose d'étrange. Plusieurs des plus belles fleurs avaient mystérieusement disparu. Les parterres de fleurs étaient maintenant parsemés de trous vides, comme si les fleurs s'étaient évaporées dans la nuit.

Mademoiselle Lucille, une femme déterminée et curieuse, décida de mener l'enquête. Elle interrogea les jardiniers du parc, mais personne ne savait ce qui avait pu se passer. Les fleurs avaient disparu sans laisser de trace.

Mademoiselle Lucille se rendit au café voisin où les amateurs de fleurs se réunissaient chaque matin pour discuter de leurs passions. Elle espérait trouver des indices parmi ces passionnés des plantes.

Elle fut accueillie par une atmosphère tendue. Deux des amateurs de fleurs les plus passionnés du groupe, Monsieur Henri et Madame Élisabeth, semblaient être en désaccord. Ils se disputaient violemment à propos des fleurs disparues.

Monsieur Henri était un botaniste réputé, tandis que Madame Élisabeth était une collectionneuse de fleurs rares. Chacun accusait l'autre d'être responsable de la disparition des fleurs.

Mademoiselle Lucille écouta attentivement les deux parties, puis intervint calmement. "Mes amis, plutôt que de vous accuser mutuellement, ne serait-il pas préférable de travailler ensemble pour résoudre ce mystère ?"

La suggestion de Mademoiselle Lucille apaisa la querelle. Monsieur Henri et Madame Élisabeth convinrent de mettre de côté leurs différends et de collaborer pour découvrir ce qui était arrivé aux fleurs.

Mademoiselle Lucille, Monsieur Henri, et Madame Élisabeth commencèrent à enquêter sur la disparition des fleurs. Ils se rendirent dans les jardins tôt le matin pour chercher des indices.

Mademoiselle Lucille remarqua rapidement quelque chose d'étrange près des parterres de fleurs disparues. Des empreintes de pas fraîches étaient visibles dans la terre meuble. Elle se mit à genoux pour examiner les traces de près.

Monsieur Henri, avec sa connaissance approfondie des plantes, identifia des fragments de feuilles laissés près des empreintes de pas. "Ces feuilles appartiennent à une espèce de fleur rare que Madame Élisabeth collectionne. C'est un indice important."

Madame Élisabeth acquiesça. "Il semble que quelqu'un ait emprunté le chemin du jardin pour atteindre ces fleurs rares. Mais qui aurait pu faire cela ?"

Les trois enquêteurs décidèrent de suivre la piste des empreintes de pas pour voir où elles les mèneraient. Ils traversèrent le jardin, évitant de piétiner les parterres de fleurs restants.

La piste les conduisit finalement à un petit chalet au bout du jardin. Il s'agissait de la résidence du jardinier en chef, Monsieur Lefebvre. Ils frappèrent à la porte, et Monsieur Lefebvre les accueillit avec surprise.

Mademoiselle Lucille expliqua la situation et leur demande de voir le jardinier en chef. Monsieur Lefebvre les conduisit dans le jardin, où ils découvrirent un atelier rempli de fleurs et de plantes en pots.

Monsieur Henri remarqua immédiatement que certaines des fleurs dans l'atelier correspondaient aux espèces disparues dans le jardin. "Monsieur Lefebvre, pouvez-vous nous expliquer comment ces fleurs sont arrivées ici ?"

Monsieur Lefebvre sembla mal à l'aise, mais finit par avouer qu'il avait déplacé les fleurs pour les protéger. Il avait entendu des rumeurs selon lesquelles quelqu'un cherchait à voler des fleurs rares pour les revendre à un prix élevé. Il avait donc pris l'initiative de les transférer dans son atelier pour les mettre à l'abri.

Madame Élisabeth était furieuse. "Vous n'aviez pas le droit de prendre ces fleurs sans notre permission, Monsieur Lefebvre !"

Monsieur Lefebvre s'excusa sincèrement pour son acte impulsif. Mademoiselle Lucille intervint pour apaiser la situation. "Il est clair que Monsieur Lefebvre avait de bonnes intentions, même s'il a mal agi. Nous devons maintenant remettre les fleurs à leur place dans le jardin."

Les fleurs furent rapidement replantées dans les parterres du jardin par Monsieur Lefebvre, Monsieur Henri et Madame Élisabeth, avec l'aide de Mademoiselle Lucille. Les amateurs de fleurs se réjouirent de retrouver leurs précieuses fleurs intactes.

Une fois l'affaire résolue, Mademoiselle Lucille invita tout le monde à un pique-nique dans le jardin pour célébrer l'harmonie retrouvée. Monsieur Henri et Madame Élisabeth se réconcilièrent et décidèrent de collaborer sur un projet de jardin botanique pour partager leur passion commune.

Mademoiselle Lucille savoura le moment de détente et d'amitié parmi les fleurs qui avaient failli causer une querelle. Elle réalisa une fois de plus que les mystères étaient partout, même au milieu des parfums envoûtants du jardin.

Après avoir résolu le mystère des fleurs disparues, Mademoiselle Lucille continua ses promenades matinales dans les jardins de Paris. Elle savait que de nouvelles énigmes l'attendaient peut-être parmi les roses et les tulipes.

Elle était prête à affronter n'importe quel mystère avec sa perspicacité, sa passion pour les fleurs, et son amour pour la résolution d'énigmes. Car, comme elle le savait bien, la beauté des fleurs cachait souvent des secrets intrigants, et elle était prête à les découvrir.

Miss Lucille's Investigations and the Mystery of the Disappearing Flowers

Miss Lucille was a woman with exceptional talents. She was well-known in Paris for her love of flowers and her passion for solving mysteries. Every morning, she strolled through the city's gardens, admiring the colorful flowers and enchanting scents. She was also an expert in botany, able to identify every flower species.

One sunny morning, as she walked through the Tuileries Garden, she noticed something strange. Several of the most beautiful flowers had mysteriously disappeared. The flower beds were now dotted with empty holes, as if the flowers had vanished overnight.

Miss Lucille, a determined and curious woman, decided to investigate. She questioned the park's gardeners, but no one knew what had happened. The flowers had disappeared without a trace.

Miss Lucille headed to a nearby café where flower enthusiasts gathered every morning to discuss their passions. She hoped to find clues among these plant enthusiasts.

She was greeted by a tense atmosphere. Two of the most passionate flower enthusiasts in the group, Mr. Henri and Mrs. Elizabeth, seemed to be in disagreement. They were arguing vehemently about the missing flowers.

Mr. Henri was a renowned botanist, while Mrs. Elizabeth was a collector of rare flowers. Each accused the other of being responsible for the disappearance of the flowers.

Miss Lucille listened attentively to both parties and then intervened calmly. "My friends, instead of accusing each other, wouldn't it be better to work together to solve this mystery?"

Miss Lucille's suggestion calmed the quarrel. Mr. Henri and Mrs. Elizabeth agreed to set aside their differences and collaborate to discover what had happened to the flowers.

Miss Lucille, Mr. Henri, and Mrs. Elizabeth began to investigate the disappearance of the flowers. They went to the gardens early in the morning to search for clues.

Miss Lucille quickly noticed something strange near the flower beds where the flowers had disappeared. Fresh footprints were visible in the soft soil. She knelt down to examine the prints closely.

Mr. Henri, with his extensive knowledge of plants, identified fragments of leaves left near the footprints. "These leaves belong to a rare flower species that Mrs. Elizabeth collects. It's an important clue."

Mrs. Elizabeth nodded. "It seems that someone walked the garden path to reach these rare flowers. But who could have done this?"

The three investigators decided to follow the trail of footprints to see where it would lead them. They crossed the garden, avoiding stepping on the remaining flower beds.

The trail eventually led them to a small cottage at the end of the garden. It was the residence of the head gardener, Mr. Lefebvre. They knocked on the door, and Mr. Lefebvre welcomed them with surprise.

Miss Lucille explained the situation and their request to see the head gardener. Mr. Lefebvre led them into the garden, where they discovered a workshop filled with flowers and potted plants.

Mr. Henri quickly noticed that some of the flowers in the workshop matched the species that had disappeared from the garden. "Mr. Lefebvre, can you explain to us how these flowers ended up here?"

Mr. Lefebvre seemed uneasy but eventually admitted that he had moved the flowers to protect them. He had heard rumors that someone was trying to steal rare flowers to sell them at a high price. So, he had taken the initiative to transfer them to his workshop to keep them safe.

Mrs. Elizabeth was furious. "You had no right to take these flowers without our permission, Mr. Lefebvre!"

Mr. Lefebvre sincerely apologized for his impulsive act. Miss Lucille intervened to defuse the situation. "It's clear that Mr. Lefebvre had good intentions, even if he acted wrongly. We must now return the flowers to their place in the garden."

The flowers were quickly replanted in the garden beds by Mr. Lefebvre, Mr. Henri, and Mrs. Elizabeth, with the help of Miss

Lucille. Flower enthusiasts rejoiced at the recovery of their precious flowers intact.

Once the case was resolved, Miss Lucille invited everyone to a picnic in the garden to celebrate the restored harmony. Mr. Henri and Mrs. Elizabeth reconciled and decided to collaborate on a botanical garden project to share their common passion.

Miss Lucille enjoyed the moment of relaxation and friendship among the flowers that had almost caused a quarrel. She realized once again that mysteries were everywhere, even amidst the enchanting scents of the garden.

After solving the mystery of the disappearing flowers, Miss Lucille continued her morning walks in the gardens of Paris. She knew that new mysteries might await her among the roses and tulips.

She was ready to face any mystery with her insight, her passion for flowers, and her love for solving puzzles. For, as she well knew, the beauty of flowers often concealed intriguing secrets, and she was ready to uncover them.

Les Mystères de la Librairie des Rêves Perdus

Au coin d'une rue pavée de la vieille ville de Paris se trouvait une petite librairie au charme suranné. La Librairie des Rêves Perdus était un trésor caché, un endroit où les amoureux des livres se réfugiaient pour s'évader du tumulte de la vie quotidienne. Elle était dirigée par une femme nommée Madame Isabelle, une âme douce et bienveillante qui avait un amour profond pour les mots et les histoires.

Un jour, un jeune homme nommé Étienne entra dans la librairie. Il était nouveau dans la ville et cherchait un endroit calme pour lire. Madame Isabelle le salua chaleureusement et lui dit : "Bienvenue à la Librairie des Rêves Perdus, monsieur. Trouvez-vous quelque chose qui vous intéresse ?"

Étienne sourit et répondit : "Je suis un grand amateur de livres, madame. Je suis sûr que je trouverai quelque chose d'exceptionnel ici."

Étienne passa des heures à parcourir les étagères de la librairie, découvrant des trésors littéraires et des histoires captivantes. Alors qu'il se promenait dans les allées, un vieux livre attira son attention. Il s'intitulait "Le Secret des Songes Oubliés" et semblait avoir été écrit il y a des siècles.

Madame Isabelle remarqua l'intérêt d'Étienne pour le livre et lui dit : "Ce livre est spécial, monsieur. Il renferme des histoires qui ont le pouvoir de vous emporter dans des rêves oubliés."

Étienne, intrigué, décida d'acheter le livre. Il le prit avec lui et promit de revenir pour partager ses impressions avec Madame Isabelle.

Étienne passa la nuit à lire "Le Secret des Songes Oubliés". Le livre était envoûtant, rempli de contes anciens et de légendes mystérieuses. À un moment donné, Étienne fut transporté dans un rêve étrange où il se trouvait dans un jardin luxuriant, entouré de papillons aux couleurs éclatantes.

Il se réveilla le lendemain matin, troublé par la vivacité du rêve. Il retourna à la librairie pour en parler à Madame Isabelle.

Madame Isabelle l'accueillit avec un sourire chaleureux. "Avez-vous apprécié le livre, monsieur Étienne ?"

Étienne expliqua son expérience et les rêves étranges qui l'avaient envahi. "C'était comme si les histoires du livre prenaient vie dans mes rêves."

Madame Isabelle hocha la tête. "Ce livre a ce pouvoir, monsieur. Il vous emmène dans un voyage onirique où les frontières entre la réalité et l'imaginaire s'estompent."

La nouvelle de l'expérience d'Étienne se répandit rapidement parmi les habitués de la Librairie des Rêves Perdus. D'autres lecteurs curieux vinrent acheter "Le Secret des Songes Oubliés" et partagèrent leurs propres rêves envoûtants avec Madame Isabelle.

Parmi ces lecteurs se trouvait une jeune femme nommée Claire. Elle était une artiste talentueuse, mais elle avait perdu son inspiration depuis un certain temps. Après avoir lu le livre, elle commença à rêver de paysages magnifiques et de couleurs éclatantes. Ses rêves lui redonnèrent sa créativité, et elle se mit à peindre des toiles vibrantes et captivantes.

Un autre lecteur, monsieur Dupont, un homme d'affaires stressé, se découvrit une nouvelle sérénité après avoir plongé dans les rêves du livre. Il commença à méditer régulièrement et à apprécier la beauté de la vie d'une manière qu'il n'avait jamais envisagée auparavant.

Cependant, au fur et à mesure que le livre gagnait en popularité, des choses étranges commencèrent à se produire. Certains lecteurs prétendaient que leurs rêves s'étendaient au-delà de la nuit et se mélangeaient à la réalité. Des objets disparurent mystérieusement de leurs maisons pour réapparaître dans leurs rêves.

Étienne lui-même avait vécu des moments où il n'était plus tout à fait sûr s'il rêvait ou s'il était éveillé. Il se demanda si le livre avait un pouvoir plus profond qu'il n'y paraissait.

Madame Isabelle était également préoccupée par ces développements inquiétants. Elle décida de mener sa propre enquête pour comprendre le mystère qui entourait "Le Secret des Songes Oubliés".

Madame Isabelle commença à fouiller les archives de la librairie pour en apprendre davantage sur l'origine du livre. Elle découvrit qu'il avait été écrit par un écrivain mystérieux du 17e siècle, Henri Dubois. Ce dernier avait été fasciné par le pouvoir des rêves et avait passé sa vie à étudier les liens entre le monde des rêves et la réalité.

Elle décida de suivre les traces d'Henri Dubois et de découvrir s'il y avait des indices cachés dans le livre. Ses recherches la conduisirent dans une vieille bibliothèque parisienne où elle trouva des manuscrits anciens écrits par Dubois lui-même.

Les manuscrits révélaient que Dubois avait créé un rituel complexe pour libérer le pouvoir des rêves et les faire passer de l'imagination à la réalité. Cependant, le rituel était resté inachevé, laissant les rêves dans un état de limbes, où ils pouvaient interagir avec le monde réel de manière imprévisible.

Madame Isabelle se rendit compte que le livre était bien plus qu'un simple récit. C'était un artefact mystique qui avait le pouvoir de manipuler la frontière entre les rêves et la réalité.

Madame Isabelle se sentit obligée de trouver un moyen de résoudre le mystère du livre. Elle rassembla Étienne, Claire, monsieur Dupont, et d'autres lecteurs qui avaient été touchés par les rêves du livre.

Ils décidèrent de mener à bien le rituel inachevé de Dubois afin de ramener les rêves à leur état d'origine. Le rituel impliquait la récitation de mots anciens, l'utilisation d'objets précis et la méditation profonde.

Ils se réunirent dans la librairie un soir, éclairée par des bougies, et commencèrent le rituel. À mesure qu'ils récitaient les mots anciens, ils sentaient le monde des rêves et de la réalité se rapprocher.

Soudain, alors qu'ils étaient plongés dans le rituel, une lueur dorée enveloppa la librairie. Les frontières entre les rêves et la réalité s'effacèrent, et ils furent transportés dans un jardin luxuriant, semblable à celui que décrit le livre.

Ils marchèrent ensemble dans ce rêve éveillé, guidés par une force mystique. Les papillons aux couleurs éclatantes voltigeaient autour d'eux, et les parfums envoûtants des fleurs emplissaient l'air.

Au loin, ils virent Henri Dubois lui-même, assis sous un arbre ancien. Il les regarda avec bienveillance et leur parla. "Vous avez réussi à rétablir la frontière entre les rêves et la réalité. Vous avez compris le pouvoir des rêves et leur importance dans nos vies."

Il expliqua que le rituel avait été conçu pour rappeler aux gens que les rêves étaient une partie précieuse de leur existence et qu'ils pouvaient les guider vers des réalisations extraordinaires.

Le groupe écouta attentivement les paroles d'Henri Dubois, et le jardin de rêve commença à s'estomper autour d'eux. Ils se retrouvèrent bientôt dans la librairie, de retour dans le monde réel.

Ils savaient maintenant que les rêves étaient une source d'inspiration et de découverte, mais qu'ils devaient rester ancrés dans la réalité pour les réaliser.

Madame Isabelle sourit à ses amis. "Nous avons résolu le mystère du livre, et nous avons découvert la sagesse d'Henri

Dubois. Les rêves sont précieux, mais ils doivent être équilibrés avec la réalité."

Étienne, Claire, monsieur Dupont, et les autres lecteurs acquiescèrent en signe d'approbation. Ils avaient appris une leçon inestimable sur l'importance de vivre pleinement leurs rêves tout en restant ancrés dans le monde réel.

Après cette aventure extraordinaire, Étienne, Claire et monsieur Dupont continuèrent à fréquenter la Librairie des Rêves Perdus. Ils savaient que les livres pouvaient les emmener dans des mondes imaginaires, mais ils gardaient toujours un pied dans la réalité.

Étienne écrivit son propre roman, inspiré par les rêves qu'il avait vécus. Claire continua à créer des œuvres d'art éblouissantes, mélangeant le monde des rêves à sa propre vision artistique. Monsieur Dupont, quant à lui, devint un philanthrope, utilisant sa fortune pour créer des opportunités pour ceux qui avaient besoin d'aide.

Madame Isabelle, quant à elle, continua à diriger la Librairie des Rêves Perdus, partageant son amour des livres et des histoires avec tous ceux qui franchissaient ses portes.

Et ainsi, chacun d'entre eux vécut une vie riche de rêves réalisés, sachant que les histoires pouvaient nous emmener loin, mais que la réalité était tout aussi précieuse.

The Mysteries of the Lost Dreams Bookstore

At the corner of a cobbled street in the old town of Paris stood a quaint little bookstore. The Lost Dreams Bookstore was a hidden gem, a place where book lovers sought refuge to escape the hustle and bustle of everyday life. It was run by a woman named Madame Isabelle, a gentle and kind-hearted soul who had a deep love for words and stories.

One day, a young man named Étienne entered the bookstore. He was new to the city and was looking for a quiet place to read. Madame Isabelle greeted him warmly and said, "Welcome to the Lost Dreams Bookstore, sir. Do you find anything of interest?"

Étienne smiled and replied, "I am a great lover of books, madam. I am sure I will find something exceptional here."

Étienne spent hours browsing through the shelves of the bookstore, discovering literary treasures and captivating stories. As he wandered through the aisles, an old book caught his attention. It was titled "The Secret of Forgotten Dreams" and seemed to have been written centuries ago.

Madame Isabelle noticed Étienne's interest in the book and said, "This book is special, sir. It contains stories that have the power to transport you into forgotten dreams."

Intrigued, Étienne decided to purchase the book. He took it with him and promised to return to share his impressions with Madame Isabelle.

Étienne spent the night reading "The Secret of Forgotten Dreams." The book was enchanting, filled with ancient tales and mysterious legends. At one point, Étienne was transported into a strange dream where he found himself in a lush garden surrounded by brilliantly colored butterflies.

He woke up the next morning, troubled by the vividness of the dream. He returned to the bookstore to discuss it with Madame Isabelle.

Madame Isabelle welcomed him with a warm smile. "Did you enjoy the book, Mr. Étienne?"

Étienne explained his experience and the strange dreams that had overtaken him. "It was as if the stories from the book came to life in my dreams."

Madame Isabelle nodded. "This book has that power, sir. It takes you on a dreamlike journey where the boundaries between reality and imagination blur."

The news of Étienne's experience quickly spread among the regulars of the Lost Dreams Bookstore. Other curious readers came to purchase "The Secret of Forgotten Dreams" and share their own enchanting dreams with Madame Isabelle.

Among these readers was a young woman named Claire. She was a talented artist but had lost her inspiration for some time. After reading the book, she began to dream of magnificent landscapes and vibrant colors. Her dreams rekindled her creativity, and she started painting vibrant and captivating canvases.

Another reader, Mr. Dupont, a stressed businessman, found a newfound serenity after delving into the dreams of the book. He started meditating regularly and began to appreciate the beauty of life in ways he had never considered before.

However, as the book gained popularity, strange things began to happen. Some readers claimed that their dreams extended beyond the night and merged with reality. Objects mysteriously disappeared from their homes only to reappear in their dreams.

Étienne himself had experienced moments where he was no longer entirely sure if he was dreaming or awake. He wondered if the book had a deeper power than it seemed.

Madame Isabelle was also concerned about these unsettling developments. She decided to conduct her own investigation to uncover the mystery surrounding "The Secret of Forgotten Dreams."

Madame Isabelle began to search the bookstore's archives to learn more about the book's origins. She discovered that it had been written by a mysterious 17th-century writer named Henri Dubois. He had been fascinated by the power of dreams and had spent his life studying the connections between the dream world and reality.

She decided to follow the traces of Henri Dubois and find out if there were hidden clues within the book. Her research led her to an old Parisian library where she found ancient manuscripts written by Dubois himself.

The manuscripts revealed that Dubois had created a complex ritual to unleash the power of dreams and to transition them from imagination into reality. However, the ritual had remained unfinished, leaving dreams in a state of limbo, where they could interact with the real world unpredictably.

Madame Isabelle realized that the book was much more than just a story. It was a mystical artifact that had the power to manipulate the boundary between dreams and reality.

Madame Isabelle felt compelled to find a way to solve the mystery of the book. She gathered Étienne, Claire, Mr. Dupont, and other readers who had been touched by the book's dreams.

They decided to complete Dubois' unfinished ritual to bring the dreams back to their original state. The ritual involved reciting ancient words, using specific objects, and deep meditation.

They gathered in the bookstore one evening, lit by candles, and began the ritual. As they recited the ancient words, they felt the worlds of dreams and reality drawing closer.

Suddenly, as they were immersed in the ritual, a golden glow enveloped the bookstore. The boundaries between dreams and reality faded, and they were transported to a lush garden, similar to the one described in the book.

They walked together in this waking dream, guided by a mystical force. Brilliantly colored butterflies fluttered around them, and the enchanting scents of flowers filled the air.

In the distance, they saw Henri Dubois himself, seated under an ancient tree. He looked at them with benevolence and spoke to them. "You have succeeded in restoring the boundary between dreams and reality. You have understood the power of dreams and their significance in our lives."

He explained that the ritual had been designed to remind people that dreams were a precious part of their existence and could guide them to extraordinary achievements.

The group listened attentively to Henri Dubois' words, and the dream garden began to fade around them. They soon found themselves back in the bookstore, returned to the real world.

They now knew that dreams were a source of inspiration and discovery, but they needed to remain grounded in reality to bring them to fruition.

Madame Isabelle smiled at her friends. "We have solved the mystery of the book, and we have discovered Henri Dubois' wisdom. Dreams are precious, but they must be balanced with reality."

Étienne, Claire, Mr. Dupont, and the other readers nodded in agreement. They had learned an invaluable lesson about the importance of living their dreams while staying rooted in the real world.

After this extraordinary adventure, Étienne, Claire, and Mr. Dupont continued to frequent the Lost Dreams Bookstore. They knew that books could take them to imaginary worlds, but they always kept one foot in reality.

Étienne wrote his own novel, inspired by the dreams he had experienced. Claire continued to create stunning artworks, blending the world of dreams with her own artistic vision. Mr. Dupont, on the other hand, became a philanthropist, using his wealth to create opportunities for those in need.

Madame Isabelle, meanwhile, continued to run the Lost Dreams Bookstore, sharing her love for books and stories with all who crossed her threshold.

And so, each of them lived a life rich in fulfilled dreams, knowing that stories could take them far, but reality was equally precious.

Le Mystère de la Mélodie Égarée

Au cœur de la ville de Paris se trouvait une école de musique renommée, dirigée par le professeur Antoine Lefebvre. C'était un homme passionné par la musique et la beauté qu'elle apportait à la vie des gens. Son école était un lieu où les talents musicaux étaient cultivés et les mélodies étaient chéries.

Un jour, le professeur Lefebvre reçut un appel d'une dame nommée Madame Dubois. Elle était une pianiste talentueuse autrefois, mais avait cessé de jouer depuis de nombreuses années. Maintenant, elle désirait reprendre sa passion pour la musique.

Le professeur Lefebvre, toujours prêt à encourager la musique, accepta de la prendre comme élève. Madame Dubois était excitée à l'idée de retrouver les touches du piano et de laisser les mélodies la guider à nouveau.

Les leçons de musique commencèrent dans la salle de pratique de l'école. Le professeur Lefebvre était impressionné par le talent naturel de Madame Dubois. Sa maîtrise du piano était exceptionnelle, même après toutes ces années.

Chaque jour, ils travaillaient sur des pièces musicales classiques et contemporaines, laissant la musique remplir la pièce de sa beauté intemporelle. Le professeur Lefebvre sentait que Madame Dubois avait quelque chose de spécial en elle, une sensibilité musicale profonde.

Un jour, alors qu'ils répétaient une sonate de Beethoven, Madame Dubois fit une pause. Elle semblait perdue dans ses pensées. "Professeur Lefebvre, avez-vous déjà ressenti que la musique pouvait vous emmener dans un endroit mystérieux, un endroit où les notes deviennent des énigmes à résoudre ?"

Le professeur Lefebvre sourit. "La musique a le pouvoir de nous transporter vers des mondes inexplorés, c'est vrai. Chaque mélodie est comme une clé qui ouvre la porte de l'âme."

Un jour, alors que Madame Dubois pratiquait seule dans la salle de musique, elle découvrit une partition cachée dans un vieux tiroir du piano. La partition était ornée de notes élégantes et portait le nom "La Mélodie Égarée". Elle n'avait jamais entendu parler de cette mélodie auparavant.

Intriguée, elle commença à jouer les notes. La musique qui s'échappa du piano était envoûtante, évoquant des émotions profondes et des souvenirs perdus. Madame Dubois était convaincue qu'elle avait découvert une mélodie précieuse, mais elle ne savait pas d'où elle venait ni à qui elle appartenait.

Elle décida de partager sa découverte avec le professeur Lefebvre, espérant qu'il pourrait l'aider à élucider le mystère de "La Mélodie Égarée".

Le professeur Lefebvre écouta attentivement la mélodie jouée par Madame Dubois. Il était enchanté par sa beauté et sa complexité. "Cette mélodie est véritablement exceptionnelle, Madame Dubois. Je n'en ai jamais entendu parler auparavant. Nous devrions enquêter pour découvrir son origine."

Ils commencèrent leur quête en consultant des archives musicales anciennes et en interrogeant d'autres musiciens de renom. Cependant, personne ne semblait reconnaître "La Mélodie Égarée" ni connaître son compositeur.

Madame Dubois était déterminée à percer le mystère. Elle décida de fouiller l'école de musique, espérant trouver des indices qui la mèneraient à la vérité.

Pendant des semaines, Madame Dubois et le professeur Lefebvre cherchèrent dans chaque coin de l'école de musique. Ils parcoururent les bibliothèques de partitions, les vieux enregistrements musicaux et même les archives des anciens élèves.

Un jour, alors qu'ils fouillaient le grenier de l'école, Madame Dubois découvrit un vieux journal poussiéreux appartenant à un ancien élève nommé Jacques Renaud. Le journal était rempli de notes et de réflexions sur la musique, mais ce qui attira l'attention de Madame Dubois, ce furent les mentions répétées de "La Mélodie Égarée".

Elle et le professeur Lefebvre commencèrent à lire les pages du journal avec attention. Jacques Renaud écrivait que la mélodie était un cadeau de son grand-père, un compositeur de talent, et qu'il avait promis de la préserver précieusement.

Armés de ces nouvelles informations, Madame Dubois et le professeur Lefebvre entreprirent de retrouver les descendants de Jacques Renaud. Après de longues recherches, ils finirent par trouver une vieille maison en dehors de Paris, où vivait désormais la famille Renaud.

Ils furent accueillis chaleureusement par une dame âgée, Madame Louise Renaud, la fille de Jacques Renaud. Elle était émue d'apprendre que "La Mélodie Égarée" avait été retrouvée. Elle expliqua que son père avait composé cette mélodie pour sa mère, qui était une pianiste talentueuse, mais qu'elle avait été perdue pendant des décennies.

Madame Dubois joua la mélodie pour Madame Louise, qui ne put retenir ses larmes. "C'est comme si mon père était revenu à travers la musique. Cette mélodie était son hommage à ma mère."

Madame Louise Renaud permit à Madame Dubois de jouer "La Mélodie Égarée" lors d'un concert spécial en l'honneur de son père et de sa mère. La mélodie fut accueillie par une ovation debout de la part du public, ému par sa beauté et par l'histoire qui l'entourait.

Le mystère de "La Mélodie Égarée" avait été résolu, et la mélodie avait retrouvé sa place dans le monde de la musique. Madame Dubois avait découvert bien plus qu'une mélodie perdue, elle avait découvert l'importance de la musique pour relier les générations et toucher les cœurs.

Madame Louise Renaud remercia chaleureusement Madame Dubois et le professeur Lefebvre pour avoir ramené la mélodie dans sa vie. "La musique a le pouvoir de guérir les âmes et de raviver les souvenirs. Vous avez ramené un morceau de notre histoire musicale."

Après avoir résolu le mystère de "La Mélodie Égarée", Madame Dubois et le professeur Lefebvre continuèrent à enseigner et à jouer de la musique avec une passion renouvelée. Ils savaient que la musique avait le pouvoir de créer des connexions profondes et de faire revivre des souvenirs perdus.

L'école de musique du professeur Lefebvre continua à prospérer, attirant de nouveaux talents et célébrant la richesse de la musique. La mélodie égarée était devenue un symbole de l'importance de préserver les trésors musicaux du passé.

Madame Dubois, quant à elle, avait trouvé sa voie dans la musique et la transmission de son amour pour cet art aux générations futures.

Et ainsi, la musique continuait à résonner dans les cœurs de ceux qui la chérissaient, rappelant que les mélodies pouvaient transcender le temps et l'espace.

The Mystery of the Lost Melody

At the heart of the city of Paris, there was a renowned music school led by Professor Antoine Lefebvre. He was a man passionate about music and the beauty it brought to people's lives. His school was a place where musical talents were nurtured, and melodies were cherished.

One day, Professor Lefebvre received a call from a lady named Madame Dubois. She had been a talented pianist in the past but had stopped playing for many years. Now, she wished to rekindle her passion for music.

Professor Lefebvre, always eager to encourage music, agreed to take her as a student. Madame Dubois was excited to once again feel the piano keys under her fingers and let melodies guide her.

The music lessons began in the school's practice room. Professor Lefebvre was impressed by Madame Dubois's natural talent. Her mastery of the piano was exceptional, even after all those years.

Every day, they worked on classical and contemporary musical pieces, letting music fill the room with its timeless beauty. Professor Lefebvre felt that Madame Dubois had something special in her, a deep musical sensitivity.

One day, as they were rehearsing a Beethoven sonata, Madame Dubois paused. She seemed lost in thought. "Professor

Lefebvre, have you ever felt that music could take you to a mysterious place, a place where the notes become riddles to solve?"

Professor Lefebvre smiled. "Music has the power to transport us to uncharted worlds, indeed. Each melody is like a key that unlocks the door to the soul."

One day, as Madame Dubois practiced alone in the music room, she discovered a hidden sheet of music in an old drawer of the piano. The sheet was adorned with elegant notes and bore the name "The Lost Melody." She had never heard of this melody before.

Intrigued, she began to play the notes. The music that flowed from the piano was enchanting, evoking deep emotions and lost memories. Madame Dubois was convinced that she had found a precious melody, but she didn't know where it came from or to whom it belonged.

She decided to share her discovery with Professor Lefebvre, hoping that he could help unravel the mystery of "The Lost Melody."

Professor Lefebvre listened attentively to the melody played by Madame Dubois. He was enchanted by its beauty and complexity. "This melody is truly exceptional, Madame Dubois. I have never heard of it before. We should investigate to discover its origin."

They began their quest by consulting ancient musical archives and questioning other renowned musicians. However, no one seemed to recognize "The Lost Melody" or know its composer.

Madame Dubois was determined to uncover the mystery. She decided to search the music school, hoping to find clues that would lead her to the truth.

For weeks, Madame Dubois and Professor Lefebvre searched every corner of the music school. They combed through libraries of music sheets, old music recordings, and even archives of former students.

One day, as they explored the school's attic, Madame Dubois discovered a dusty old journal belonging to a former student named Jacques Renaud. The journal was filled with notes and reflections about music, but what caught Madame Dubois's attention were the repeated mentions of "The Lost Melody."

She and Professor Lefebvre began to read the journal's pages carefully. Jacques Renaud wrote that the melody was a gift from his grandfather, a talented composer, and that he had promised to preserve it dearly.

Armed with this new information, Madame Dubois and Professor Lefebvre set out to find the descendants of Jacques Renaud. After extensive research, they finally found an old house outside Paris, where the Renaud family now lived.

They were warmly welcomed by an elderly lady, Madame Louise Renaud, the daughter of Jacques Renaud. She was moved to learn that "The Lost Melody" had been found. She explained that her father had composed this melody for her mother, who was a talented pianist, but it had been lost for decades.

Madame Dubois played the melody for Madame Louise, who couldn't hold back her tears. "It's as if my father has returned through the music. This melody was his tribute to my mother."

Madame Louise Renaud allowed Madame Dubois to perform "The Lost Melody" in a special concert in honor of her father and mother. The melody was met with a standing ovation from the audience, deeply moved by its beauty and the story surrounding it.

The mystery of "The Lost Melody" had been solved, and the melody had found its place in the world of music. Madame Dubois had discovered more than a lost melody; she had discovered the importance of music in connecting generations and touching hearts.

Madame Louise Renaud thanked Madame Dubois and Professor Lefebvre warmly for bringing the melody back into her life. "Music has the power to heal souls and rekindle memories. You've brought a piece of our musical history back."

After solving the mystery of "The Lost Melody," Madame Dubois and Professor Lefebvre continued to teach and play music with a renewed passion. They knew that music had the power to create deep connections and revive lost memories.

Professor Lefebvre's music school continued to thrive, attracting new talents and celebrating the richness of music.

The lost melody had become a symbol of the importance of preserving musical treasures from the past.

Madame Dubois, on the other hand, had found her path in music and in passing on her love for this art to future generations.

And so, music continued to resonate in the hearts of those who cherished it, reminding them that melodies could transcend time and space.

Le Café des Sourires Perdus

———

Dans une rue pavée pittoresque au cœur de Paris, se trouvait un café extraordinaire connu sous le nom du "Café des Sourires Perdus". Ce café était unique en son genre, car il ne servait pas seulement du café et des pâtisseries délicieuses, mais il proposait également un menu spécial : un menu de sourires.

La propriétaire du café, Madame Élise, était une femme bienveillante et attentionnée, avec un don particulier pour redonner le sourire aux gens. Elle avait créé ce café pour offrir un endroit où les gens pouvaient se retrouver, se détendre et partager des moments de joie.

Chaque jour, Madame Élise et son équipe accueillaient les clients avec chaleur et gentillesse, leur demandant : "Quel sourire puis-je vous servir aujourd'hui ?"

Le café était un lieu de rendez-vous pour des amis, des couples, des étrangers et des habitués. Les clients venaient non seulement pour le délicieux café et les pâtisseries, mais aussi pour le pouvoir des sourires de Madame Élise.

Madame Élise avait le talent de savoir ce dont les gens avaient besoin. Elle pouvait percevoir les inquiétudes derrière un visage triste, les soucis dissimulés derrière un sourire forcé. Elle savait comment créer un sourire authentique.

Un jour, une jeune femme nommée Sophie entra dans le café, l'air accablé par les soucis de la vie quotidienne. Madame Élise s'approcha doucement d'elle et lui demanda : "Quel sourire puis-je vous servir aujourd'hui, ma chère ?"

Sophie baissa les yeux, le visage triste. "Je ne sais pas... Je me sens perdue en ce moment."

Madame Élise lui fit signe de s'asseoir et apporta une tasse de café fumante et une part de gâteau au chocolat. "Essayez ceci, c'est le sourire du réconfort. Parfois, un bon café et une douceur peuvent apporter un peu de réconfort à l'âme."

Sophie hocha la tête, prit une bouchée du gâteau et but une gorgée de café. Son visage s'illumina soudainement d'un sourire sincère. "C'est délicieux ! Merci, Madame Élise."

Un jour, un homme du nom de Luc, un écrivain en panne d'inspiration, entra dans le café. Il avait un air sérieux et préoccupé, comme s'il portait le poids du monde sur ses épaules.

Madame Élise s'approcha de lui et demanda : "Quel sourire puis-je vous servir aujourd'hui, monsieur ?"

Luc soupira. "Je suis écrivain, mais je suis bloqué. Je n'arrive plus à écrire une seule ligne depuis des mois."

Madame Élise réfléchit un instant, puis revint avec un petit carnet et un stylo. "Essayez ceci, monsieur Luc. C'est le sourire de l'inspiration. Écrivez quelques mots, peu importe ce que c'est, juste pour le plaisir d'écrire."

Luc hésita un instant, puis commença à griffonner quelques mots dans le carnet. À sa grande surprise, les mots commencèrent à couler, formant une histoire captivante. Il sourit enfin et dit : "C'est incroyable, Madame Élise. Vous m'avez redonné l'inspiration."

Madame Élise était toujours à la recherche du sourire ultime, celui qui pourrait apporter une joie éternelle à ceux qui le recevaient. Elle avait entendu parler d'un vieil homme sage, Monsieur Dubois, qui vivait en reclus dans un petit village des montagnes. On racontait qu'il possédait le secret du sourire éternel.

Un jour, Madame Élise décida de partir à la recherche de Monsieur Dubois et de son secret. Elle laissa le café entre les mains de son équipe bienveillante et s'engagea dans un voyage qui la conduisit à travers les magnifiques paysages montagneux de la France.

Après des jours de marche, elle atteignit enfin le petit village où vivait Monsieur Dubois. Il était assis sous un grand chêne, méditant paisiblement.

Madame Élise s'approcha de lui avec respect et dit : "Monsieur Dubois, je suis à la recherche du sourire ultime. On dit que vous détenez ce secret. Pouvez-vous me l'enseigner ?"

Monsieur Dubois sourit doucement et répondit : "Le sourire ultime ne réside pas dans un secret, mais dans la simplicité de la vie. C'est le sourire de l'acceptation, de l'amour et de la gratitude envers chaque instant."

Madame Élise passa plusieurs jours avec Monsieur Dubois, apprenant les leçons précieuses qu'il avait à offrir. Elle réalisa que le véritable sourire venait de l'intérieur, de l'appréciation de la vie telle qu'elle était.

Elle décida de revenir au Café des Sourires Perdus, emportant avec elle les enseignements de Monsieur Dubois. Elle partagea ces enseignements avec ses clients, les encourageant à trouver le sourire dans les petites choses de la vie.

Le café devint un endroit encore plus spécial, où les gens venaient non seulement pour les délices sucrés et le café chaud, mais aussi pour les sourires sincères et la joie de vivre.

Le Café des Sourires Perdus était devenu un lieu emblématique de Paris, connu pour sa capacité à égayer les cœurs et à apporter du réconfort aux âmes. Les clients venaient de partout pour expérimenter les sourires spéciaux de Madame Élise.

Sophie, la jeune femme qui avait trouvé le réconfort dans le café, était devenue une cliente régulière. Elle avait commencé à partager des moments de bonheur avec d'autres clients, créant ainsi une atmosphère chaleureuse et accueillante.

Luc, l'écrivain en panne d'inspiration, était devenu un habitué du café. Il avait terminé un nouveau roman inspiré par les sourires qu'il avait reçus et partagés au Café des Sourires Perdus.

Un jour, Monsieur Dubois rendit visite à Madame Élise au café. Il était heureux de voir comment elle avait partagé ses enseignements avec tant de gens. Il lui sourit et dit : "Madame Élise, vous avez découvert le véritable secret du sourire ultime.

C'est le pouvoir de l'amour, de la compassion et de la gratitude. Vous avez créé un lieu où les sourires éternels peuvent fleurir."

Madame Élise remercia Monsieur Dubois pour ses sages paroles et lui offrit un sourire sincère en retour.

Le Café des Sourires Perdus continua d'être un lieu où les sourires étaient servis avec le café, un lieu où les gens venaient se réchauffer le cœur et se rappeler que le bonheur se trouvait dans les petits moments de la vie.

The Café of Lost Smiles

In a picturesque cobblestone street in the heart of Paris, there was an extraordinary café known as the "Café of Lost Smiles." This café was like no other because it didn't just serve coffee and delightful pastries; it also offered a special menu: a menu of smiles.

The owner of the café, Madame Élise, was a kind and caring woman with a particular gift for bringing smiles back to people's faces. She had created this café to provide a place where people could gather, relax, and share moments of joy.

Every day, Madame Élise and her team welcomed customers with warmth and kindness, asking them, "Which smile can I serve you today?"

The café was a meeting place for friends, couples, strangers, and regulars alike. Customers came not only for the delicious coffee and pastries but also for the power of Madame Élise's smiles.

Madame Élise had the talent to know what people needed. She could sense the worries behind a sad face, the hidden concerns behind a forced smile. She knew how to create a genuine smile.

One day, a young woman named Sophie entered the café, looking burdened by the worries of daily life. Madame Élise approached her gently and asked, "Which smile can I serve you today, my dear?"

Sophie lowered her gaze, her face sad. "I don't know... I feel lost right now."

Madame Élise gestured for her to sit down and brought a steaming cup of coffee and a slice of chocolate cake. "Try this; it's the smile of comfort. Sometimes, a good cup of coffee and a sweet treat can bring comfort to the soul."

Sophie nodded, took a bite of the cake, and sipped the coffee. Her face suddenly lit up with a genuine smile. "This is delicious! Thank you, Madame Élise."

One day, a man named Luc, a writer struggling with writer's block, walked into the café. He had a serious and troubled look on his face, as if he carried the weight of the world on his shoulders.

Madame Élise approached him and asked, "Which smile can I serve you today, sir?"

Luc sighed. "I'm a writer, but I'm stuck. I can't write a single line for months."

Madame Élise thought for a moment, then returned with a small notebook and a pen. "Try this, Mr. Luc. It's the smile of inspiration. Write a few words, no matter what they are, just for the joy of writing."

Luc hesitated for a moment, then began scribbling a few words in the notebook. To his surprise, the words started to flow, forming a captivating story. He finally smiled and said, "This is amazing, Madame Élise. You've given me inspiration."

Madame Élise was always in search of the ultimate smile, the one that could bring eternal joy to those who received it. She had heard of a wise old man, Monsieur Dubois, who lived as a recluse in a small mountain village. It was said that he possessed the secret of the everlasting smile.

One day, Madame Élise decided to embark on a journey to find Monsieur Dubois and his secret. She entrusted the café to her caring team and set off on a journey that took her through the breathtaking mountain landscapes of France.

After days of hiking, she finally reached the small village where Monsieur Dubois lived. He sat under a large oak tree, meditating peacefully.

Madame Élise approached him with respect and said, "Monsieur Dubois, I am in search of the ultimate smile. It is said that you hold this secret. Can you teach it to me?"

Monsieur Dubois smiled gently and replied, "The ultimate smile does not lie in a secret but in the simplicity of life. It is the smile of acceptance, love, and gratitude for each moment."

Madame Élise spent several days with Monsieur Dubois, learning the valuable lessons he had to offer. She realized that the true smile came from within, from appreciating life as it was.

She decided to return to the Café of Lost Smiles, carrying with her Monsieur Dubois's teachings. She shared these lessons with her customers, encouraging them to find smiles in the small things of life.

The café became an even more special place, where people came not only for sweet delights and hot coffee but also for genuine smiles and the joy of living.

The Café of Lost Smiles had become an iconic place in Paris, known for its ability to brighten hearts and bring comfort to souls. Customers came from all around to experience Madame Élise's special smiles.

Sophie, the young woman who had found comfort in the café, became a regular customer. She began sharing moments of happiness with other customers, creating a warm and welcoming atmosphere.

Luc, the writer who had struggled with writer's block, became a café regular as well. He had completed a new novel inspired by the smiles he had received and shared at the Café of Lost Smiles.

One day, Monsieur Dubois paid a visit to Madame Élise at the café. He was pleased to see how she had shared his teachings with so many people. He smiled and said, "Madame Élise, you have discovered the true secret of the ultimate smile. It is the power of love, compassion, and gratitude. You have created a place where eternal smiles can bloom."

Madame Élise thanked Monsieur Dubois for his wise words and offered him a genuine smile in return.

The Café of Lost Smiles continued to be a place where smiles were served with coffee, a place where people came to warm their hearts and remember that happiness could be found in the small moments of life.

Les Enquêtes du Détective Victor Leblanc

Victor Leblanc, détective privé, avait toujours été fasciné par les mystères de la vie. Il vivait dans un petit appartement à Paris, où chaque coin était rempli de livres, de cartes et d'objets énigmatiques. Victor avait décidé de prendre sa retraite après une longue carrière dans la police, mais il ne pouvait pas échapper à l'appel des énigmes.

Un jour, alors qu'il se promenait dans les rues de Montmartre, il reçut un coup de téléphone qui allait changer sa vie. Une vieille amie de l'époque de la police, Isabelle, l'appela en larmes. Son mari avait disparu sans laisser de trace, et elle était désespérée.

Victor Leblanc décida que c'était le moment de revenir à son ancienne passion : la résolution de mystères. Il promit à Isabelle qu'il l'aiderait à trouver son mari disparu, et il commença sa nouvelle enquête.

Victor commença son enquête en interrogeant Isabelle sur les derniers moments de son mari. Elle expliqua qu'il était sorti pour une promenade matinale comme d'habitude, mais n'était jamais revenu. Elle était inquiète car il n'avait laissé aucune note ni explication.

Le détective se rendit à l'endroit où Isabelle avait vu son mari pour la dernière fois. Il interrogea les voisins, les commerçants locaux et tous ceux qui auraient pu avoir des informations sur sa disparition. Cependant, personne n'avait vu quoi que ce soit d'inhabituel.

Victor décida de fouiller la maison du disparu pour chercher des indices. Il découvrit un vieux journal intime dans lequel l'homme avait écrit ses pensées les plus intimes. Il semblait préoccupé par quelque chose, mais les détails manquaient.

Victor continua à fouiller la maison et découvrit une boîte de vieilles lettres et de photographies. Les lettres étaient adressées à un nom qu'il ne connaissait pas, "Louise". Les photographies montraient un homme plus jeune, souriant aux côtés d'une femme resplendissante.

Il décida de rechercher cette Louise pour voir si elle avait des informations sur la disparition de l'homme. Grâce à ses contacts dans la police, il parvint à retrouver Louise, qui vivait désormais dans un petit village près de Lyon.

Lorsqu'il la rencontra, elle semblait surprise de le voir, mais elle accepta de parler. Elle avait été l'amour de jeunesse de l'homme disparu, et ils s'étaient séparés il y a des années pour suivre des chemins différents dans la vie.

Louise expliqua que l'homme avait récemment renoué contact avec elle, lui disant qu'il avait besoin d'aide pour régler un problème du passé. Il était venu la voir quelques semaines avant sa disparition, mais il n'avait pas donné de détails sur la nature du problème.

De retour à Paris, Victor Leblanc commença à fouiller à nouveau la maison du disparu à la recherche de toute piste qui pourrait expliquer sa disparition. Il découvrit un carnet rempli de notes apparemment sans signification, mais il avait le sentiment qu'elles cachaient quelque chose de plus profond.

Après des heures de réflexion, Victor commença à voir un modèle dans les notes. Elles semblaient former un message codé, mais il ne parvenait pas à le décrypter. Il décida de faire appel à un ami, un cryptanalyste retraité, pour l'aider à déchiffrer le message.

Le cryptanalyste, un homme nommé Pierre, fut intrigué par le défi et commença à travailler sur le code. Après plusieurs jours d'efforts, il parvint à décrypter le message. Il révélait un lieu et une date, un rendez-vous mystérieux qui était prévu pour la semaine suivante.

Victor décida de se rendre au lieu du rendez-vous, un vieux café abandonné près des quais de la Seine. L'endroit était sombre et poussiéreux, mais il avait l'impression que c'était là que se trouvait la clé de l'énigme.

Alors qu'il explorait le café abandonné, il découvrit une porte secrète cachée derrière une étagère poussiéreuse. La porte s'ouvrit sur un escalier qui descendait dans les profondeurs du bâtiment. Il décida de suivre l'escalier dans l'obscurité.

En bas, il découvrit une salle secrète remplie de dossiers, de cartes, et de photographies. Il réalisait que l'homme disparu avait mené une enquête secrète, une enquête qu'il n'avait jamais partagée avec sa femme Isabelle.

Les indices pointaient vers un réseau de contrebande qui opérait dans les tunnels sous Paris. L'homme avait été sur la piste de ce réseau et avait peut-être découvert quelque chose de dangereux.

Victor décida de poursuivre l'enquête et de découvrir ce que l'homme disparu avait découvert dans les tunnels souterrains de Paris. Il se mit à interroger d'anciens travailleurs des égouts et des habitants des quartiers proches des tunnels.

Peu à peu, il commença à reconstituer l'histoire du réseau de contrebande qui avait opéré dans les tunnels pendant des années. C'était un monde souterrain secret, peuplé de personnes aux motivations mystérieuses.

Victor découvrit que l'homme disparu avait réussi à infiltrer ce réseau, à collecter des preuves et à comprendre ses opérations. Il semblait avoir découvert quelque chose de si important qu'il avait décidé de contacter son amour de jeunesse, Louise, pour obtenir de l'aide.

Victor Leblanc se rendit compte qu'il était sur le point de percer le mystère de la disparition de l'homme. Il décida de confronter les dirigeants du réseau de contrebande dans les tunnels souterrains.

La confrontation fut intense et dangereuse, mais grâce à son intelligence et à son courage, Victor parvint à obtenir les informations nécessaires pour résoudre l'affaire.

Il découvrit que l'homme disparu avait réussi à exposer le réseau de contrebande auprès des autorités, mettant fin à ses activités illégales. Cependant, il avait été contraint de disparaître pour échapper à d'éventuelles représailles.

Victor Leblanc retourna à Paris avec les informations nécessaires pour expliquer la disparition de l'homme à sa femme, Isabelle. Elle était soulagée de savoir que son mari était en sécurité et qu'il avait agi pour mettre fin aux activités du réseau de contrebande.

Isabelle et Victor Leblanc décidèrent de ne pas révéler la vérité au grand public, car cela pourrait mettre en danger la vie de l'homme disparu. Ils convinrent que le plus important était qu'il soit en sécurité.

Victor Leblanc, une fois de plus, avait résolu une énigme complexe et avait apporté la paix à une famille en détresse. Il savait que la vie était remplie de mystères, et il était prêt à relever chaque défi qui se présentait à lui.

The Investigations of Detective Victor Leblanc

Victor Leblanc, a private detective, had always been fascinated by the mysteries of life. He lived in a small apartment in Paris, where every corner was filled with books, maps, and enigmatic objects. Victor had decided to retire after a long career in the police, but he couldn't escape the call of mysteries.

One day, while strolling through the streets of Montmartre, he received a phone call that would change his life. An old friend from his police days, Isabelle, called him in tears. Her husband had disappeared without a trace, and she was desperate.

Victor Leblanc decided it was time to return to his old passion: solving mysteries. He promised Isabelle that he would help her find her missing husband, and he began his new investigation.

Victor started his investigation by questioning Isabelle about her husband's last moments. She explained that he had gone out for his usual morning walk but had never returned. She was worried because he had left no note or explanation.

The detective went to the place where Isabelle had last seen her husband. He questioned neighbors, local shopkeepers, and anyone who might have information about his disappearance. However, no one had seen anything unusual.

Victor decided to search the missing man's house for clues. He discovered an old diary in which the man had written his most intimate thoughts. He seemed troubled by something, but the details were missing.

Victor continued to search the house and found a box of old letters and photographs. The letters were addressed to a name he didn't know, "Louise." The photographs showed a younger man, smiling alongside a radiant woman.

He decided to find this Louise to see if she had any information about the man's disappearance. With the help of his police contacts, he tracked down Louise, who now lived in a small village near Lyon.

When he met her, she seemed surprised to see him, but she agreed to talk. She had been the man's sweetheart in their youth, and they had parted ways years ago to follow different paths in life.

Louise explained that the man had recently reconnected with her, telling her that he needed help resolving an issue from the past. He had visited her a few weeks before his disappearance but hadn't provided details about the nature of the problem.

Back in Paris, Victor Leblanc began to search the missing man's house again for any leads that might explain his disappearance. He found a notebook filled with seemingly meaningless notes, but he had a feeling they hid something deeper.

After hours of contemplation, Victor started to see a pattern in the notes. They seemed to form a coded message, but he couldn't decipher it. He decided to seek help from a friend, a retired cryptanalyst, to assist in unraveling the message.

The cryptanalyst, a man named Pierre, was intrigued by the challenge and started working on the code. After several days of effort, he managed to decipher the message. It revealed a location and a date, a mysterious rendezvous scheduled for the following week.

Victor decided to go to the rendezvous location, an old abandoned café near the Seine's quays. The place was dark and dusty, but he felt that the key to the puzzle lay there.

As he explored the abandoned café, he discovered a secret door hidden behind a dusty shelf. The door opened onto a staircase that descended into the depths of the building. He decided to follow the staircase into the darkness.

Below, he found a secret room filled with files, maps, and photographs. He realized that the missing man had conducted a secret investigation, an investigation he had never shared with his wife, Isabelle.

The clues pointed to a smuggling network operating in the tunnels beneath Paris. The man had been on the trail of this network and might have discovered something dangerous.

Victor decided to continue the investigation and find out what the missing man had uncovered in the underground tunnels of Paris. He began to question former sewage workers and residents of neighborhoods near the tunnels.

Gradually, he started to piece together the history of the smuggling network that had operated in the tunnels for years. It was a secret underground world, inhabited by people with mysterious motivations.

Victor learned that the missing man had managed to infiltrate this network, collect evidence, and understand its operations. It seemed he had discovered something so significant that he had reached out to his youthful love, Louise, for assistance.

Victor Leblanc realized he was on the verge of solving the mystery of the man's disappearance. He decided to confront the leaders of the smuggling network in the underground tunnels.

The confrontation was intense and dangerous, but thanks to his wit and courage, Victor managed to obtain the information necessary to solve the case.

He discovered that the missing man had successfully exposed the smuggling network to the authorities, putting an end to its illegal activities. However, he had been forced to disappear to escape potential reprisals.

Victor Leblanc returned to Paris with the information needed to explain the man's disappearance to his wife, Isabelle. She was relieved to know that her husband was safe and that he had acted to put an end to the smuggling network's operations.

Isabelle and Victor Leblanc decided not to reveal the truth to the public, as it could endanger the missing man's life. They agreed that the most important thing was that he was safe.

Victor Leblanc, once again, had solved a complex mystery and brought peace to a distressed family. He knew that life was filled with mysteries, and he was ready to face every challenge that came his way.

Le Mystère des Cartes Postales Perdues

À Nice, au bord de la Méditerranée, vivait une femme nommée Élise Lambert. Élise était une dame d'un certain âge, aimant la tranquillité de sa vie paisible. Chaque matin, elle se promenait le long de la promenade des Anglais, admirant la mer et le ciel bleu azur. Sa routine était bien établie, jusqu'à ce qu'un événement mystérieux vienne perturber son quotidien.

Un matin, en ouvrant sa boîte aux lettres, Élise découvrit une étrange carte postale. La carte était vieille et abîmée, avec une photo d'une plage en noir et blanc. Il n'y avait aucun message, seulement une signature illisible. Élise était perplexe. Elle n'avait ni famille ni amis éloignés, et elle ne comprenait pas pourquoi quelqu'un lui enverrait une carte postale aussi mystérieuse.

La carte postale mystérieuse était devenue l'objet de la fascination d'Élise. Elle commença à enquêter sur son origine, espérant découvrir qui l'avait envoyée et pourquoi. Elle consulta les archives de la poste locale, mais il n'y avait aucune trace de l'expéditeur.

Élise se tourna vers ses voisins, espérant qu'ils pourraient avoir des informations. Elle montra la carte postale à Monsieur Dupont, un retraité amical qui vivait dans l'appartement voisin. Il était intrigué par le mystère et promit de l'aider dans sa quête.

Ils décidèrent de se rendre à la librairie locale, où le libraire, Monsieur Moreau, était un véritable expert en histoire locale. En examinant la carte, Monsieur Moreau mentionna qu'il avait entendu parler d'une série de cartes postales anciennes, mais elles étaient devenues rares au fil du temps.

Monsieur Moreau invita Élise et Monsieur Dupont à sa librairie. Il leur montra une collection de vieilles cartes postales qui avaient été envoyées il y a des décennies. Chaque carte était une fenêtre sur le passé, capturant des moments figés dans le temps.

Parmi les cartes, Élise découvrit une qui ressemblait étrangement à celle qu'elle avait reçue. La photo montrait la même plage, mais avec des parasols colorés et des baigneurs en maillot de bain à l'ancienne. La signature illisible figurait également au dos de cette carte.

Monsieur Moreau expliqua que ces cartes postales avaient été envoyées par un voyageur mystérieux qui était connu pour avoir parcouru le monde entier. On disait qu'il avait une façon unique de voir le monde et de capturer sa beauté à travers ses cartes.

Élise et Monsieur Dupont étaient maintenant déterminés à découvrir l'identité du voyageur mystérieux. Ils cherchèrent des indices dans les archives de la ville, espérant trouver des informations sur ses voyages passés. Ils découvrirent que le voyageur avait habité Nice pendant un certain temps avant de disparaître sans laisser de trace.

En interrogeant les anciens résidents du quartier, ils recueillirent des anecdotes sur le voyageur. On racontait qu'il était un homme solitaire, passionné par la mer et les pays lointains. Il était connu pour ses récits de voyage fascinants mais n'avait jamais révélé son nom ni son visage.

Élise et Monsieur Dupont se rendirent à la bibliothèque municipale, où une archiviste bien informée les aida à fouiller les vieux journaux. Ils y trouvèrent des articles mentionnant le voyageur mystérieux, mais les détails sur son identité restaient flous.

Alors qu'ils fouillaient les archives de la bibliothèque, Élise découvrit un vieux journal intime appartenant au voyageur mystérieux. Le journal était rempli de descriptions détaillées de ses voyages, de ses réflexions sur la vie et de ses observations sur la beauté du monde.

Au fil des pages, Élise et Monsieur Dupont commencèrent à connaître le voyageur d'une manière intime. Ses écrits révélaient un homme profondément sensible à la nature, à l'art et à la simplicité de la vie. Il avait un amour incommensurable pour la mer et avait passé de nombreuses heures à la contempler depuis la promenade des Anglais.

Alors qu'ils parcouraient les pages du journal, Élise trouva une entrée qui faisait référence à la carte postale qu'elle avait reçue. Le voyageur avait écrit : "Une pensée pour la belle âme qui trouvera cette carte et qui comprendra le mystère qui l'entoure."

Élise et Monsieur Dupont étaient convaincus qu'ils étaient sur le point de résoudre l'énigme du voyageur mystérieux. Ils étaient persuadés qu'il y avait un message caché dans les cartes postales qu'il avait envoyées.

Ils retournèrent à la librairie de Monsieur Moreau et examinèrent de plus près les cartes postales du voyageur. Ils remarquèrent que chaque carte contenait des détails subtils qui semblaient former un motif.

En assemblant les cartes postales dans l'ordre chronologique de leurs dates d'envoi, un motif apparut. Les photos formaient une séquence qui racontait une histoire : l'histoire d'un voyage autour du monde, marquée par des moments de beauté et de réflexion.

Élise comprit que le voyageur mystérieux avait voulu partager son voyage avec le monde, en laissant des indices dans ses cartes postales. Chaque carte était un fragment de son voyage intérieur, une invitation à voir le monde à travers ses yeux.

Avec l'aide de Monsieur Moreau, Élise et Monsieur Dupont retracèrent la dernière étape du voyage du mystérieux voyageur. Ils découvrirent qu'il avait visité un petit village côtier en Bretagne, où il avait vécu ses derniers jours.

Ils se rendirent dans le village et rencontrèrent les habitants. Ils entendirent des histoires sur le voyageur qui avait apporté une lumière spéciale dans leur vie. Les habitants se souvenaient de lui comme d'un homme généreux, partageant des histoires et des sourires avec tous ceux qu'il rencontrait.

Élise et Monsieur Dupont découvrirent finalement le nom du voyageur mystérieux : Lucien. Il avait passé ses derniers jours en paix dans ce village, écrivant ses dernières pensées dans un journal.

Élise et Monsieur Dupont ramenèrent le journal de Lucien à Nice et le partagèrent avec les habitants du quartier. Ils organisèrent une exposition pour présenter les cartes postales et les écrits de Lucien, permettant aux gens de découvrir son voyage extraordinaire.

Les habitants de Nice furent émus par l'histoire de Lucien et par les messages cachés dans ses cartes postales. Ils réalisèrent que la beauté du monde pouvait être trouvée dans les petits détails de la vie quotidienne, dans les sourires des inconnus et dans la simplicité de la nature.

Le mystère des cartes postales perdues avait été résolu, mais il avait laissé derrière lui un héritage de beauté, de réflexion et de partage. Élise, Monsieur Dupont et tous ceux qui avaient été touchés par l'histoire de Lucien savaient désormais que la véritable richesse de la vie se trouvait dans la manière dont nous la vivons et la partageons avec les autres.

The Mystery of the Lost Postcards

In Nice, by the Mediterranean coast, lived a woman named Élise Lambert. Élise was a lady of a certain age who cherished the tranquility of her peaceful life. Each morning, she would stroll along the Promenade des Anglais, admiring the sea and the azure blue sky. Her routine was well-established until a mysterious event disrupted her daily life.

One morning, upon opening her mailbox, Élise discovered a strange postcard. The postcard was old and weathered, with a picture of a beach in black and white. There was no message, only an illegible signature. Élise was perplexed. She had no distant family or friends, and she couldn't understand why someone would send her such a mysterious postcard.

The mysterious postcard had become Élise's fascination. She began investigating its origin, hoping to uncover who had sent it and why. She consulted the local post office archives, but there was no record of the sender.

Élise turned to her neighbors, hoping they might have information. She showed the postcard to Mr. Dupont, a friendly retiree who lived in the neighboring apartment. He was intrigued by the mystery and promised to help her in her quest.

They decided to visit the local bookstore, where the bookseller, Mr. Moreau, was a true expert in local history. Examining the postcard, Mr. Moreau mentioned that he had heard of a series of old postcards, but they had become rare over time.

Mr. Moreau invited Élise and Mr. Dupont to his bookstore. He showed them a collection of old postcards that had been sent decades ago. Each postcard was a window to the past, capturing moments frozen in time.

Among the postcards, Élise discovered one that strangely resembled the one she had received. The photo showed the same beach, but with colorful parasols and bathers in vintage swimsuits. The illegible signature was also on the back of this postcard.

Mr. Moreau explained that these postcards had been sent by a mysterious traveler who was known to have journeyed around the world. It was said that he had a unique way of seeing the world and capturing its beauty through his postcards.

Élise and Mr. Dupont were now determined to discover the identity of the mysterious traveler. They searched for clues in the city archives, hoping to find information about his past travels. They discovered that the traveler had lived in Nice for a time before disappearing without a trace.

By questioning former residents of the neighborhood, they gathered anecdotes about the traveler. It was said that he was a solitary man, passionate about the sea and distant lands. He was known for his captivating travel stories but had never revealed his name or his face.

Élise and Mr. Dupont went to the municipal library, where a knowledgeable archivist helped them search through old newspapers. They found articles mentioning the mysterious traveler, but details about his identity remained unclear.

As they searched through the library archives, Élise stumbled upon an old diary belonging to the mysterious traveler. The diary was filled with detailed descriptions of his travels, his reflections on life, and his observations of the world's beauty.

Page by page, Élise and Mr. Dupont began to get to know the traveler in an intimate way. His writings revealed a man deeply attuned to nature, art, and the simplicity of life. He had an immeasurable love for the sea and spent countless hours gazing at it from the Promenade des Anglais.

As they perused the journal's pages, Élise found an entry that referenced the postcard she had received. The traveler had written, "A thought for the beautiful soul who will find this postcard and understand the mystery that surrounds it."

Élise and Mr. Dupont were convinced that they were on the verge of solving the mystery of the mysterious traveler. They believed there was a hidden message in the postcards he had sent. They returned to Mr. Moreau's bookstore and closely examined the traveler's postcards.

They noticed that each postcard contained subtle details that seemed to form a pattern. By assembling the postcards in chronological order of their mailing dates, a pattern emerged. The photos formed a sequence that told a story: the story of a journey around the world, marked by moments of beauty and reflection.

Élise realized that the mysterious traveler had wanted to share his journey with the world, leaving clues in his postcards. Each postcard was a fragment of his inner journey, an invitation to see the world through his eyes.

With the help of Mr. Moreau, Élise and Mr. Dupont traced the final leg of the mysterious traveler's journey. They discovered that he had visited a small coastal village in Brittany, where he had spent his final days.

They traveled to the village and met with the residents. They heard stories about the traveler who had brought a special light into their lives. The villagers remembered him as a generous man, sharing stories and smiles with everyone he met.

Élise and Mr. Dupont finally uncovered the name of the mysterious traveler: Lucien. He had spent his final days peacefully in the village, writing his last thoughts in a journal.

Élise and Mr. Dupont brought Lucien's journal back to Nice and shared it with the neighborhood residents. They organized an exhibition to showcase Lucien's postcards and writings, allowing people to discover his extraordinary journey.

The people of Nice were moved by Lucien's story and the hidden messages in his postcards. They realized that the beauty of the world could be found in the small details of daily life, in the smiles of strangers, and in the simplicity of nature.

The mystery of the lost postcards had been solved, but it had left behind a legacy of beauty, reflection, and sharing. Élise, Mr. Dupont, and all those touched by Lucien's story now knew that the true richness of life lay in how we live it and share it with others.

Les Mélodies du Hasard

Dans un petit village français, niché au cœur des montagnes, vivait une femme nommée Adèle. Adèle était une âme douce et mélancolique qui avait toujours eu un amour profond pour la musique. Sa vie était calme et ordinaire, jusqu'à ce qu'un mystère musical vienne bouleverser son existence.

Un matin d'automne, alors qu'Adèle se promenait dans les bois près de chez elle, elle découvrit quelque chose d'étrange : un piano abandonné sous un arbre. L'instrument était magnifique, avec un bois lustré et des touches d'ivoire, mais il était clairement oublié depuis des années. La nature avait commencé à le réclamer, avec des feuilles tombées et des vignes grimpantes qui s'enroulaient autour de ses jambes.

Adèle s'approcha du piano avec curiosité. Elle se demandait comment un tel trésor musical avait pu être laissé à l'abandon. Elle posa ses doigts sur les touches, produisant un son mélodieux qui semblait réveiller l'âme de l'instrument. C'était comme si le piano attendait depuis longtemps d'être joué à nouveau.

Adèle décida de faire venir le piano chez elle, malgré les regards perplexes de ses voisins. Elle passa des heures à nettoyer et à restaurer l'instrument, lui rendant sa beauté d'antan. Mais ce n'était que le début de son voyage musical.

Un jour, alors qu'elle s'asseyait devant le piano, une mélodie commença à se former dans son esprit. Elle posa ses doigts sur les touches et commença à jouer, laissant la musique couler à travers elle. La mélodie était douce, mélancolique et envoûtante, comme si elle était née de l'âme du piano lui-même.

Adèle ne comprenait pas d'où venait cette mélodie. Elle n'avait jamais appris à jouer du piano, mais elle avait l'impression que les notes étaient un cadeau du destin. Chaque jour, elle s'asseyait au piano et improvisait de nouvelles mélodies, laissant libre cours à son cœur et à son imagination.

Les mélodies d'Adèle ne passèrent pas inaperçues dans le village. Les gens commencèrent à venir chez elle pour écouter sa musique, attirés par la beauté de ses compositions. Certains disaient que ses mélodies semblaient raconter des histoires, évoquant des souvenirs oubliés et des rêves perdus.

Parmi les visiteurs, il y avait deux personnes qui semblaient particulièrement fascinées par la musique d'Adèle. Un homme et une femme, tous deux vêtus de façon élégante, se tenaient souvent à l'arrière de la pièce, écoutant attentivement chaque note.

Adèle les remarqua et commença à se demander qui ils étaient. Ils ne parlaient pas beaucoup, mais leurs yeux reflétaient une profonde émotion à chaque mélodie. Un jour, ils s'approchèrent d'elle après qu'elle eut fini de jouer.

"Mademoiselle," dit l'homme, "votre musique est vraiment extraordinaire. Elle semble venir d'un endroit très spécial."

La femme acquiesça en souriant. "Nous aimerions vous poser une question, si cela ne vous dérange pas."

Adèle était curieuse de connaître la question des visiteurs énigmatiques. Ils lui expliquèrent qu'ils avaient entendu parler de sa musique exceptionnelle et qu'ils cherchaient une partition musicale bien particulière. Une partition qui, selon la légende, détenait le pouvoir de réaliser les rêves les plus profonds de celui qui la jouerait.

Ils avaient entendu dire que cette partition avait été créée il y a des décennies par un compositeur talentueux, mais qu'elle avait été perdue au fil du temps. On racontait qu'elle était cachée quelque part dans le village, attendant d'être découverte par une âme digne.

Adèle était intriguée par cette histoire et accepta de les aider à résoudre l'énigme de la partition perdue. Les visiteurs lui montrèrent un vieux parchemin avec des indices mystérieux qui semblaient mener à la partition.

Les indices étaient vagues et semblaient être liés à des lieux et à des émotions. Adèle comprit que résoudre cette énigme nécessiterait non seulement de la perspicacité, mais aussi une profonde compréhension de la musique et de la vie elle-même.

Adèle et les visiteurs énigmatiques commencèrent leur quête pour résoudre l'énigme de la partition perdue. Les indices les conduisirent dans divers endroits du village, chacun lié à une émotion particulière.

Ils se rendirent dans une vieille chapelle abandonnée, où Adèle joua une mélodie inspirée par la foi et la rédemption. Ils explorèrent une forêt mystérieuse, où Adèle composa une mélodie évoquant la beauté de la nature.

Ils visitèrent une petite librairie ancienne, où Adèle improvisa une mélodie qui semblait célébrer la sagesse des livres et des histoires.

À chaque endroit, les visiteurs énigmatiques semblaient ressentir une connexion profonde avec la musique d'Adèle. Ils murmuraient des mots de gratitude et d'encouragement, mais ils gardaient toujours le mystère de leur quête secret.

Finalement, les indices les conduisirent à une vieille église du village. C'était un endroit solennel et majestueux, rempli de statues anciennes et de vitraux colorés. Adèle s'assit à l'orgue de l'église et commença à jouer une mélodie qui semblait évoquer l'âme du lieu.

Soudain, alors qu'elle jouait les dernières notes, un éclair de lumière sembla jaillir des vitraux, illuminant un vieux tableau sur le mur. Adèle s'approcha du tableau et découvrit un compartiment secret derrière lui. À l'intérieur se trouvait une partition musicale vieille de plusieurs siècles.

Les visiteurs énigmatiques furent émus aux larmes en voyant la partition. Ils savaient que c'était ce qu'ils cherchaient depuis si longtemps. Ils demandèrent à Adèle de la jouer, croyant en son pouvoir de réaliser les rêves les plus profonds.

Adèle s'assit à l'orgue et commença à jouer la partition perdue. Les notes étaient complexes et émouvantes, semblant raconter une histoire de vie, d'amour et de rêves réalisés. La musique remplissait l'église de son charme envoûtant.

Alors qu'Adèle jouait la partition perdue, quelque chose de magique commença à se produire. Les visiteurs énigmatiques semblaient être transportés dans un monde de rêves et de souvenirs. Leurs yeux brillaient d'une lueur intense, comme s'ils revivaient des moments précieux de leur passé.

La musique avait le pouvoir de toucher leur cœur et leur âme, de révéler leurs désirs les plus profonds. Adèle comprit que cette partition était bien plus qu'une simple composition musicale. C'était un lien entre les rêves et la réalité, entre le passé et le présent.

Lorsque la musique prit fin, les visiteurs énigmatiques la remercièrent avec des larmes de gratitude. Ils savaient que grâce à elle, ils avaient trouvé ce qu'ils cherchaient depuis si longtemps : la magie de la musique qui pouvait réaliser les rêves les plus chers.

Les visiteurs énigmatiques quittèrent le village, emportant avec eux la partition perdue. Ils promirent à Adèle qu'ils l'utiliseraient pour apporter de la joie et de l'espoir à d'autres âmes en quête de leurs rêves.

Adèle continua à jouer du piano, créant de nouvelles mélodies inspirées par son expérience. Elle partagea sa musique avec le village, apportant de la beauté et de la réflexion à tous ceux qui l'écoutaient.

La musique d'Adèle devint légendaire, attirant des visiteurs du monde entier. Chacun venait chercher quelque chose de spécial dans sa musique, que ce soit de la consolation, de l'inspiration ou simplement un moment de beauté.

Adèle comprit que la musique avait le pouvoir de toucher les âmes et de réaliser des rêves, tout comme elle l'avait vu avec les visiteurs énigmatiques. Elle savait désormais que la magie de la musique était un héritage précieux à partager avec le monde.

The Melodies of Chance

In a small French village nestled in the heart of the mountains lived a woman named Adèle. Adèle was a gentle and melancholic soul who had always had a deep love for music. Her life was calm and ordinary until a musical mystery disrupted her existence.

One autumn morning, as Adèle strolled through the woods near her home, she discovered something strange: an abandoned piano beneath a tree. The instrument was beautiful, with polished wood and ivory keys, but it was clearly forgotten for years. Nature had begun to reclaim it, with fallen leaves and creeping vines entwining its legs.

Adèle approached the piano with curiosity. She wondered how such a musical treasure could have been left abandoned. She placed her fingers on the keys, producing a melodious sound that seemed to awaken the soul of the instrument. It was as if the piano had been waiting a long time to be played once more.

Adèle decided to bring the piano to her home, despite the puzzled looks from her neighbors. She spent hours cleaning and restoring the instrument, returning it to its former beauty. But this was just the beginning of her musical journey.

One day, as she sat before the piano, a melody began to form in her mind. She placed her fingers on the keys and began to play, letting the music flow through her. The melody was gentle, melancholic, and enchanting, as if it had been born from the soul of the piano itself.

Adèle couldn't understand where this melody was coming from. She had never learned to play the piano, but she felt that the notes were a gift from fate. Each day, she would sit at the piano and improvise new melodies, allowing her heart and imagination to roam free.

Adèle's melodies did not go unnoticed in the village. People began to come to her home to listen to her music, drawn by the beauty of her compositions. Some said her melodies seemed to tell stories, evoking forgotten memories and lost dreams.

Among the visitors were two individuals who seemed particularly fascinated by Adèle's music. A man and a woman, both elegantly dressed, often stood at the back of the room, listening intently to every note.

Adèle noticed them and began to wonder who they were. They didn't speak much, but their eyes reflected deep emotion with each melody. One day, they approached her after she had finished playing.

"Mademoiselle," the man said, "your music is truly extraordinary. It seems to come from a very special place."

The woman nodded with a smile. "We would like to ask you a question, if you don't mind."

Adèle was curious to know what question the enigmatic visitors had. They explained that they had heard about her exceptional music and were searching for a very particular musical score. A score that, according to legend, held the power to fulfill the deepest dreams of whoever played it.

They had heard that this score had been created decades ago by a talented composer but had been lost over time. It was rumored to be hidden somewhere in the village, waiting to be discovered by a worthy soul.

Adèle was intrigued by this story and agreed to help them solve the mystery of the lost score. The visitors showed her an old parchment with mysterious clues that seemed to lead to the score.

The clues were vague and appeared to be related to places and emotions. Adèle understood that solving this puzzle would require not only insight but also a deep understanding of music and life itself.

Adèle and the enigmatic visitors began their quest to solve the mystery of the lost score. The clues led them to various locations in the village, each linked to a particular emotion.

They visited an abandoned old chapel, where Adèle played a melody inspired by faith and redemption. They explored a mysterious forest, where Adèle composed a melody that evoked the beauty of nature.

They went to a small old bookshop, where Adèle improvised a melody that seemed to celebrate the wisdom of books and stories.

At each location, the enigmatic visitors seemed to feel a deep connection with Adèle's music. They whispered words of gratitude and encouragement, but they always kept the mystery of their quest a secret.

Eventually, the clues led them to an old village church. It was a solemn and majestic place, filled with ancient statues and colorful stained glass windows. Adèle sat at the church organ and began to play a melody that seemed to evoke the soul of the place.

Suddenly, as she played the final notes, a flash of light seemed to emanate from the stained glass windows, illuminating an old painting on the wall. Adèle approached the painting and discovered a secret compartment behind it. Inside was a musical score centuries old.

The enigmatic visitors were moved to tears at the sight of the score. They knew it was what they had been searching for all along. They asked Adèle to play it, believing in its power to fulfill the deepest dreams.

Adèle sat at the organ and began to play the lost score. The notes were complex and emotional, as if telling a story of life, love, and dreams fulfilled. The music filled the church with its enchanting charm.

As Adèle played the lost score, something magical began to happen. The enigmatic visitors seemed to be transported to a world of dreams and memories. Their eyes shone with intense light, as if they were reliving precious moments from their past.

The music had the power to touch their hearts and souls, to reveal their deepest desires. Adèle understood that this score was more than just a musical composition. It was a link between dreams and reality, between the past and the present.

When the music came to an end, the enigmatic visitors thanked her with tears of gratitude. They knew that through her, they had found what they had been searching for all along: the magic of music that could fulfill their dearest dreams.

The enigmatic visitors left the village, taking the lost score with them. They promised Adèle that they would use it to bring joy and hope to other souls in search of their dreams.

Adèle continued to play the piano, creating new melodies inspired by her experience. She shared her music with the village, bringing beauty and contemplation to all who listened.

Adèle's music became legendary, attracting visitors from around the world. Each came seeking something special in her music, whether it was solace, inspiration, or simply a moment of beauty.

Adèle understood that music had the power to touch souls and fulfill dreams, just as she had witnessed with the enigmatic visitors. She now knew that the magic of music was a precious legacy to share with the world.